Mentales Training

Ein Handbuch für Trainer und Sportler

Hans Eberspächer

Mentales Training

Ein Handbuch für Trainer und Sportler

COPRESS SPORT

Der Autor

Hans Eberspächer ist Diplom-Sportlehrer und promovierter Diplom-Psychologe, heute Professor für Sportwissenschaft und Sportpsychologie an der Universität Heidelberg.
Mit seinen wissenschaftlichen Arbeitsschwerpunkten in der Beanspruchungs- und Regenerationsforschung und dem Mentalen Training hat er im Hochleistungssport mentale Trainingskonzepte und -programme erforscht, entwickelt und sehr erfolgreich evaluiert.
Wie kaum ein anderer verfügt er über langjährige Erfahrung in der psychologischen Beratung, Betreuung und im Coaching von Trainern, Profisportlern und Nationalmannschaften in der mentalen Vorbereitung auf internationale Meisterschaften und Olympische Spiele. Zahlreiche Buchveröffentlichungen.

Titelfoto: Sven Simon

Alle Abbildungen im Innenteil:
Sven Simon, außer
S. 58/59 (Kräling)

5., durchgesehene Neuauflage 2001
Copress Verlag in der
Stiebner Verlag GmbH, München.

Gesamtherstellung: Stiebner, München
www.stiebner.com
Printed in Germany
ISBN 3-7679-0625-2

Inhalt

Zu diesem Buch

1973 traf ich Karl Adam. Er lud mich nach Ratzeburg ein: »Was Sie machen, ist interessant, kommen Sie doch mal zu den Ruderern.«

Dies war der Beginn meiner praktischen Arbeit im Hochleistungssport.
Seit dieser Zeit konnte ich mit einer Vielzahl von Trainern, Athletinnen und Athleten zusammenarbeiten. Sie waren in den verschiedensten Sportarten bei Olympischen Spielen und internationalen Meisterschaften erfolgreich.
Übergreifendes Ziel dieser Zusammenarbeit war und ist das Training der mentalen Fertigkeiten, die für die optimale Leistung zum definierten Zeitpunkt so entscheidend sind.
Im vorliegenden Buch beschreibe ich die Trainingsformen, die sich in der Praxis dieser Arbeit über Jahre bewährt haben. Ein besonderes Anliegen ist es mir, an dieser Stelle allen zu danken, von denen ich lernen durfte und die mir Ihr Vertrauen schenkten.

Hans Eberspächer
Heidelberg, Januar 1990

Vorwort zur 5. Auflage

Nicht wenige Bücher haben so etwas wie ein eingebautes Verfallsdatum. Das Buch, das Sie im Moment in der Hand halten, scheint nicht dazuzugehören. Es hat sich über 10 Jahre als Standardwerk und Handbuch etabliert. Die Nachfrage aus der Praxis, von Trainern und Athleten, aber auch Sportärzten und Physiotherapeuten, die tagtäglich im Leistungssport trainieren und arbeiten, hat den Verlag zu einer überarbeiteten Neuauflage motiviert. Für mich als Autor und anwendungsorientierten Forscher ist die positive Resonanz aus der Sportpraxis ein Zeichen dafür, dass dieses Buch als solides Werkzeug für alle taugt, die, mental fit, Optimales zum definierten Zeitpunkt leisten wollen.

Hans Eberspächer
Heidelberg, Februar 2001

Das Problem der Synchronisation

Synchronisationsprobleme gibt es in vielen verschiedenen Bereichen.

Mit meinem ersten Auto, einem VW Käfer, gab es anfangs ein schwierig zu lösendes Problem: das Schalten ohne Krachen, also die Synchronisation von Motor und Getriebe. Der Wagen hatte (wie früher viele Autos) ein unsynchronisiertes Getriebe, bei dem das Zusammenspiel von Motor und Getriebe beim Schalten nicht automatisch erfolgte, sondern vom Fahrer zu leisten war (Zwischengas!).

Solche Synchronisationsprobleme gibt es in vielen Bereichen der Technik.

Nun werden Sie sich vielleicht fragen, was technische Synchronisation mit diesem Buch zu tun hat. Eine ganze Menge, denn auch menschliches Handeln, ob im Privaten, im Beruf oder im Sport, ist erst dann wirklich effizient, wenn es gelingt, es zu synchronisieren, also harmonisch abzustimmen.

Im zwischenmenschlichen Bereich leuchtet das unmittelbar ein: Damit es nicht »kracht« oder knirscht«, stimmt man z. B. in einer Partnerschaft gegenseitig seine Ziele, Bedürfnisse, Handlungen etc. aufeinander ab. In Streßsituationen hingegen ist es eine verbreitete Erfahrung, daß im sozialen Miteinander-Umgehen oftmals Aggressionen, laute Töne und Beschimpfungen als Strategien der Bewältigung eingesetzt werden. Nicht selten »kracht« es dabei gehörig.

Aber was muß man in sich selbst synchronisieren? Es ist das, was im Kopf abläuft, und das, was man tut; also gedankliche Prozesse und ausgeführte Bewegungen. Manchmal gelingt dieses Synchronisieren perfekt: »Heute hat einfach alles gestimmt...«, heißt es dann bei Sportlern nach einem erfolgreichen Wettkampf.

Wenn es aber einmal nicht geklappt hat, hört man Aus-

sagen wie: »Eigentlich war ich gut, aber ...« oder »Gestern im Training ist alles noch so gut gelaufen, und ausgerechnet heute...«.
Solche Beispiele sind zahlreich. Immer dann, wenn diese Situation eintritt, erleben Sportler z. B. ihre Bewegungsabläufe als gestört, widerständig oder schwierig. Der Bewegungsfluß gerät ins Stocken, die Bewegungen werden ruckartig und verlieren ihren Rhythmus.
Die Ursachen für derartige Störungen bei der Bewegungsausführung liegen häufig darin, daß die eine Bewegung begleitenden inneren Abläufe (Gedanken, Gefühle) die äußeren Abläufe (Bewegungsausführung) nicht unterstützen, sondern sie eher erschweren.
Als Beispiel sei hier ein Bogenschütze angeführt, der sagt: »Ich habe den Bogen gespannt und mich in dem Augenblick selbst gefragt, was ich da mache und ob ich auch alles richtig mache.« Damit nimmt er gegenüber der eigenen Person lediglich eine Beobachterperspektive ein und kann daher seinen Bewegungsablauf nicht mehr optimal umsetzen.

Das Problem der Synchronisation

Die Synchronisation innerer und äußerer Bewegungsabläufe

Wenn diese Synchronisation optimal gelingt, spricht der Motivationsforscher CSIKSZENTMIHALYI (1975) vom **»Flow«-Erlebnis.** Personen sind sich bei diesem Erlebnis ausschließlich ihrer Handlung, jedoch nicht ihrer selbst bewußt, vergessen sich sogar und zentrieren ihre Aufmerksamkeit auf ein beschränktes Wahrnehmungsfeld, wobei sie sich und ihre Umwelt völlig unter Kontrolle haben. Dabei streben sie offensichtlich keine Ziele und Belohnungen als Konsequenz ihrer Tätigkeit an.
Eine Hürdenläuferin, die dieses Flow-Erlebnis in ihrer Disziplin erfahren hat, spricht davon, daß die Hürden dann zu Strichen auf dem Boden werden, die man einfach perfekt kontrolliert überläuft. Ein Rennrodler empfindet es als »das höchste der Gefühle«, wenn er bei Geschwindigkeiten bis zu 145 km/h mit dem Sechsfachen seines Körpergewichts auf den Schlitten gepreßt wird und dabei eine untrennbare Einheit mit dem Sportgerät bildet. Ein Slalomläufer erlebt nicht mehr die Stangen,

Beim »Flow«-Erlebnis beschränkt sich das Bewußtsein ausschließlich auf die Handlung.

sondern orientiert sich nur noch an den Punkten, an denen die Stangen in den Boden eingesteckt sind, und er umläuft diese Punkte, ohne sich von den Stangen »stören« zu lassen.

Ein »Flow«-Erlebnis als Beispiel aus der Praxis.

Diese höchste Vollendung, die im »flow« erlebt wird, beschreibt Eugen HERRIGEL in seinem Buch »Zen in der Kunst des Bogenschießens« (1979, 66f.), in dem er seinen Weg als Schüler eines japanischen Bogenmeisters dokumentiert:
»Erst nach geraumer Zeit gelangen dann und wann wieder rechte Schüsse, die der Meister wortlos durch eine tiefe Verbeugung auszeichnete. Wie es vor sich ging, daß sie sich ohne mein Zutun wie von selbst lösten, wie es kam, daß meine fast geschlossene rechte Hand plötzlich geöffnet zurückschnellte, konnte ich weder damals noch kann ich es heute erklären. Die Tatsache steht fest, daß es so geschah, und dies allein ist wichtig. Aber wenigstens dahin kam ich allmählich, die rechten Schüsse von den mißlungenen selbständig unterscheiden zu können. Der qualitative Unterschied zwischen ihnen ist so groß, daß er nicht mehr übersehen werden kann, hat man ihn einmal erfahren. Äußerlich, für den Zuschauer, zeigte sich der rechte Schuß einerseits dadurch an, daß das ruckartige Zurückschnellen der rechten Hand abgefangen wird und daher keine Erschütterung des Körpers hervorruft. Andererseits entlädt sich nach mißlungenen Schüssen der gestaute Atem explosiv, und nicht rasch genug kann wieder Luft geholt werden. Nach richtigen Schüssen wird dagegen der Atem in mühelosem Gleiten entlassen, woraufhin die Einatmung ohne Hast Luft schöpft. Das Herz schlägt gleichmäßig ruhig weiter, und die ungestörte Konzentration gestattet ohne Verzug den Übergang zum nächsten Schuß. Innerlich aber, für den Schützen selbst, wirken sich rechte Schüsse derart aus, daß ihm zumute ist, als habe der Tag erst jetzt begonnen. Er fühlt sich nach ihnen zu allem rechten Tun und, was vielleicht noch wichtiger ist, zu allem rechten Nichtstun aufgelegt. Überaus köstlich ist dieser Zustand. Aber wer ihn hat, mahnt der Meister mit einem feinen Lächeln, tut gut daran, ihn so zu haben,

als hätte er ihn nicht. Nur entschiedener Gleichmut besteht ihn so, daß er nicht zögert wiederzukommen.«

Um das Prinzip einer solchen Synchronisation besser verstehen und erklären zu können, muß man sich einige Grundüberlegungen zum menschlichen Handeln aus psychologischer Sicht vor Augen führen.

Der Mensch als ganzheitliches System

Das Besondere an der psychologischen Perspektive liegt darin, daß **Menschen als aktiv gestaltende Personen** aufgefaßt werden, die ihre (objektive) Umwelt aufgrund bestimmter Erfahrungen (subjektiv) wahrnehmen. Menschen handeln demnach immer als erlebende Personen in ihrer erlebten Umwelt, d. h. als »Jemand in Bezug zu Etwas«.
Jede Person hat also vom ablaufenden Geschehen, von dessen Ursachen, Bedingungen und Wirkungen eine eigene subjektive (An-)Sicht. Ein und dasselbe (objektiv gegebene) Geschehen wird von verschiedenen Personen unterschiedlich wahrgenommen und erlebt.

Objektives und subjektives Erleben: ein Beispiel aus der Praxis

Der Unterschied zwischen objektiver Wirklichkeit und subjektivem Erleben läßt sich auch am praktischen Beispiel eines Motorradfahrers verdeutlichen: Ein Problem beim Zweiradfahren liegt darin, die angemessene Schräglage in Kurven zu fahren und dabei die Schräglage auch dementsprechend zu erleben und einzuschätzen.
Abbildung 1 zeigt, was sich im Kopf eines Fahrers abspielen kann, der objektiv 30° (von der Senkrechten gemessen) Schräglage fährt. In beiden Bildern stimmen objektive und subjektive Schräglage nicht überein: Im linken Bild überschätzt der Fahrer seine Schräglage, im rechten unterschätzt er sie. Das kann sehr gefährlich werden – und zwar in beiden Fällen, da sowohl Unter- als auch Überschätzung zu unangemessenen Reaktionen führen kann, wenn z. B. der Bewegungsablauf bzw. die Fahrt plötzlich gestört wird.

Damit objektive und subjektive Perspektive möglichst deckungsgleich sind und man situationsangemessen handeln kann, muß das subjektive Bild einer Situation an die objektiven Gegebenheiten angeglichen werden. Es gilt also, die Dinge möglichst realistisch einzuschätzen.
Über ihr Handeln stehen Personen mit ihrer Umwelt in einer Wechselbeziehung: Ihr Handeln wirkt auf ihre Umwelt ein, die ihrerseits wieder die Person beeinflußt. Die objektive (physikalische, physische und soziale) Umwelt wird ihnen dabei immer nur über ihr Wahrnehmen als subjektive Erfahrung vermittelt. Dies bedeutet, daß Umweltfaktoren unser Handeln nur durch **vermittelnde psychische Prozesse** beeinflussen. Solche vermittelnden Prozesse sind z. B. Gefühle, Bewertungen und Motivation. Sie bestimmen, wie die Umwelt wahrgenommen, beobachtet und bewertet wird, und beeinflussen dadurch unser Handeln.

Ausgangspunkt dieser Überlegungen ist ein ganzheitliches Menschenbild: Der Mensch wird als System aufgefaßt, bei dem sich biologische, psychische

Die objektive und die subjektive Schräglage beim Motorradfahren sind unterschiedlich.

und soziale Faktoren wechselseitig beeinflussen. So schlagen viele Menschen beispielsweise unangenehme Erlebnisse auf den Magen, oder ein verdorbener Magen drückt auf die Stimmung. Wesentliche Merkmale dieses Systems »Mensch« sind seine Komplexität und die enge Verknüpfung zwischen den unterschiedlichsten Faktoren, Strukturen und Prozessen, die es regulieren und aufrechterhalten.

Das Problem der Synchronisation

Der Mensch ist ein ganzheitliches komplexes und eng verknüpftes System. Störungen in einzelnen Bereichen haben Störungen im ganzen System zur Folge.

Einer der Teilnehmer des berühmten Ironman-Hawaii-Triathlon, die 3,8 km im Meer schwimmen, dann 180 km radfahren und danach noch Marathon laufen, erzählte, wie er die letzten Kilometer dieser Strapaze hinter sich gebracht hat. Zunächst spürte er starke Krämpfe aufsteigen und Schmerzen in den Beinen. Die Krämpfe führte er unter anderem darauf zurück, daß er zuviel Wasser getrunken und aufgrund mangelnder Erfahrung zu wenig Elektrolyte zu sich genommen hatte. Er habe dann einige Kilometer im Gehen zurückgelegt, und plötzlich habe er kurz vor dem Ziel die Zuschauer gehört, die im Zielraum die Teilnehmer begeistert anfeuerten. Daraufhin seien seine Schmerzen wie weggeblasen gewesen, und er habe – langsam zwar, aber sehr rhythmisch – die letzten Kilometer des Marathonlaufes hinter sich gebracht.
Dieses Beispiel zeigt, wie biologische Zustände (Wasser- und Mineralstoffmangel) von einem Triathleten erlebt und wahrgenommen und wie diese Wahrnehmung durch soziale Faktoren (hier: das Verhalten von Zuschauern, ihr Anfeuern) überlagert wurden, so daß sich das Handeln veränderte.
Wie ein derart komplexes System funktioniert, läßt sich am einfachsten mit Hilfe eines Bildes verdeutlichen:
Stellen Sie sich eine Stadt mit all ihren politischen, sozialen, wirtschaftlichen und räumlich-baulichen Strukturen und Prozessen vor.
Für das Gleichgewicht des Systems »Stadt« hat ein gut funktionierendes Verkehrs- und Informationsnetz wesentliche Bedeutung. Es verbindet die einzelnen Bereiche, ermöglicht die Vermittlung von Informationen, Gütern etc. und ist somit für den reibungslosen Ablauf des Stadtlebens erforderlich. Störungen in diesem Verkehrs- und Informationsnetz haben daher erhebliche

Störungen im gesamten System zur Folge und können unter Umständen zu dessen Zusammenbruch führen. Paul KUNATH (1987) ordnet dem Psychischen innerhalb des Systems »Mensch« ebendiese vermittelnde, regulatorische Funktion zu, wie wir sie uns für das Verkehrs- und Informationsnetz einer Stadt vorstellen.
Will man die Stadt verändern, um eine Verbesserung des gesamten Stadtlebens zu erreichen, muß man gezielt dort ansetzen, wo die für diese Veränderungen wichtigen Informationen verarbeitet werden – nämlich im Rathaus.
Überträgt man diese Erkenntnis auf das System »Mensch«, ist das »Rathaus« einer Stadt dem »Kopf« des Menschen gleichzusetzen. Es ist also naheliegend, bei der Veränderung bzw. Optimierung menschlichen Handelns im Kopf anzusetzen.

Veränderung menschlichen Handelns muß im Kopf ansetzen. Informationsverarbeitungsprozesse sind kognitive Prozesse, die man auch trainieren kann und soll.

Das vorliegende Buch befaßt sich mit dieser Perspektive »von innen«, d. h. mit den psychischen Prozessen, die Bewegungen steuern und – wenn sie richtig synchronisiert sind – unterstützen bzw. optimieren. Eine wichtige Funktion bei dieser Regulation menschlichen Handelns übernehmen die Prozesse, die im Kopf ablaufen: Die Vielzahl von Informationen, die wir aufnehmen, verarbeiten wir dort und entwickeln bestimmte Vorstellungen und Phantasien. Diese Informationsverarbeitungsprozesse nennt man in der Psychologie **kognitive Prozesse.**
Die Optimierung kognitiver Prozesse setzt ebenso wie die Optimierung von Bewegungsabläufen voraus, daß man sie **regelmäßig und intensiv** trainiert. Dieses Buch soll Praktiker (Trainer und Athleten) anleiten, über mentale Trainingsformen kognitive Prozesse des Handelns im Sport zu verbessern und/oder zu stabilisieren.

Was kann man mit mentalen Trainingsformen trainieren?

Mit mentalen Trainingsformen lassen sich kognitive Fertigkeiten erlernen, verändern und verbessern.

Fertigkeiten dienen der Bewältigung wiederkehrender Anforderungen. Beherrschte Fertigkeiten können gestört sein oder durch besondere Umstände gestört werden.

Als **Fertigkeiten** bezeichnet man ganz allgemein Handlungen, die zur routinierten Bewältigung wiederkehrender Anforderungen eingesetzt werden. Beispiele sind etwa das Essen mit Messer und Gabel, das Kopfrechnen, das Telefonieren oder das Anziehen eines Kleidungsstückes.

Wie die obigen Beispiele zeigen, gibt es nicht nur motorische Fertigkeiten, sondern auch solche, die sich auf die Aufnahme (z. B. Wahrnehmung) und Verarbeitung (z. B. Denken, Vorstellen, Erinnern) von Information beziehen, eben kognitive Fertigkeiten.
Fertigkeiten laufen sehr schnell und ökonomisch ab, sie sind in der Regel stabil gegen Störungen und erfordern im allgemeinen keine sonderlich hohe Konzentration bzw. Zuwendung; sie sind meist automatisiert.
Die strategische Bedeutung von Fertigkeiten liegt darin, daß man über sie mit wenig Aufwand wiederkehrende Verrichtungen erledigen kann. Es sind also sehr wirksame Handlungsmuster zur Bewältigung alltäglicher Anforderungen.
Ein Säugling hat beispielsweise noch viel zu lernen: Er muß die meisten Fertigkeiten erst im Laufe seiner Entwicklung erwerben und ständig neu trainieren.
Daß man Fertigkeiten regelmäßig trainieren muß, merkt man dann, wenn man ein bestimmtes Handlungsmuster längere Zeit nicht mehr geübt hat (z. B. das Essen mit Stäbchen oder das Schlagen eines Balles). Es wird dann oft schwierig, wirksam oder effektiv zu handeln;

man muß erst wieder in die Bewegung »hineinkommen«.
Auch bereits beherrschte Fertigkeiten können unter bestimmten Umständen gestört sein. So gelingt es manchmal nicht, eine Handlung, die man eigentlich routiniert beherrscht, auf Fertigkeitsniveau durchzuführen. Man hat störende Gedanken und überlegt sich beispielsweise, was passiert, wenn diese Fertigkeit jetzt nicht funktioniert.
Dies kann z. B. der Fall sein, wenn man eine Fertigkeit vor großem Publikum vorführen soll und weiß, daß sie jetzt gelingen muß, da man sich sonst vielleicht blamieren würde (»Vorführeffekt«).
Ebenso können Fertigkeiten durch die Veränderung materieller Gegebenheiten gestört werden. Beinahe jeder hat wohl schon einmal die Situation erlebt, ein neues oder ein anderes als das jahrelang vertraute Auto zu fahren oder sich vom Schaltgetriebe auf Automatik umstellen zu müssen. Immer wieder schlagen die alten Muster durch: Man versucht, bei einem 4-Gang-Getriebe in den fünften Gang zu schalten oder beim Automatikwagen zu kuppeln.
Das automatische Abrufen von Fertigkeiten kann auch durch die Änderung von Anforderungen erschwert werden. Wenn ein Skiläufer beispielsweise in griffigem Schnee fährt und dann plötzlich auf eine Eisplatte gerät, oder wenn ein Motorradfahrer nach dem Einfahren auf trockener Straße in einem schattigen Waldstück plötzlich eine nasse Straße vorfindet, ist es in beiden Fällen notwendig, die Fertigkeitsabläufe sehr schnell zu verändern. Unter Umständen kann diese schnelle Veränderung dann zu erheblichen Schwierigkeiten bei der Realisierung der Bewegungsausführung führen (Sturz!).

Fertigkeiten müssen entwickelt und regelmäßig trainiert werden, um jederzeit situationsangemessen abrufbar zu sein

Niemand stellt in Frage, daß man motorische Fertigkeiten, also das Ausführen bestimmter Bewegungen und Bewegungsabläufe (z. B. im Sport), optimieren kann, wenn man sie entsprechend trainiert. Es wird jedoch vielfach übersehen, daß das Training des äußeren, motorischen Ablaufes nur dann gut gelingt, wenn er durch die kognitiven Prozesse und Zustände gestützt wird. Kognitive Prozesse müssen demnach ebenso auf Fertigkeitsniveau trainiert werden wie Bewegungen, so daß der einzelne über die Optimierung kognitiver Fertigkeiten sein Handeln und seine Bewegungsabläufe stabilisieren und verbessern kann.

Kognitive Prozesse müssen auf Fertigkeitsniveau trainiert werden.

Für Trainer und Sportler sind die wichtigsten kognitiven Fertigkeiten:
- Selbstgesprächsregulation
- Kompetenzerwartung
- Aufmerksamkeitsregulation
- Aktivationsregulation
- Vorstellungsregulation
- Zielsetzung/Analyse

Das Kapitel auf S. 116ff. stellt in einer Zusammenschau den Einsatz kognitiver Fertigkeiten in der Zeit zwischen zwei Beanspruchungen dar. Abschließend veranschaulicht das letzte Kapitel anhand eines Beispiels aus der Praxis, wie sehr solche kognitiven Fertigkeiten in Training und Wettkampf ineinandergreifen.
In diesem Buch werden **mentale Trainingsformen** zur Verbesserung kognitiver Fertigkeiten vorgestellt. Sie werden praxisnah auch an Beispielen und durch konkrete Anleitungen (siehe Trainingsbegleiter) erläutert.

Selbstgesprächs-regulation

Angemessenes Handeln setzt systematische Informationsverarbeitung voraus.

Da das menschliche Gedächtnis keine unbegrenzte Menge an Informationen verarbeiten kann, ist die Grundlage für situationsangemessenes Handeln eine **systematische Informationsverarbeitung.** Die für das Entwickeln wirksamer Handlungsstrategien notwendigen Informationen müssen also adäquat ausgewählt und entsprechend zugeordnet werden. Die »Verarbeitung« aufgenommener Informationen erfolgt in Gedanken, die dem Handeln vorausgehen, es begleiten und ihm folgen. Jeder kennt Situationen, in denen man sich handlungsbegleitender, vorauslaufender oder auch nachfolgender Gedanken bewußt ist. Als typisches Beispiel läßt sich das Inbetriebnehmen eines neuen Elektrogerätes anführen: Wenn man sich mit dem Gerät noch nicht auskennt, liest man wahrscheinlich zunächst einmal die Gebrauchsanweisung und versucht, die dort gegebenen Informationen zu verstehen. Man schaut sich das Gerät an und denkt über Installation und Gebrauch nach (»Ah, logisch, dieses Kabel muß hier angeschlossen werden«, »Ah ja, wenn hier xy steht, dann gehört das rote Kabel zu diesem Anschluß«).

Hat man die Gebrauchsanweisung gelesen und weiß, wie die Kabel etc. nacheinander zu installieren sind, ist praktisch ein Plan für die notwendigen Handlungen im Kopf entstanden. Erst dann kann man sich an das Verwirklichen der geplanten Handlung begeben und die einzelnen Handlungsschritte in der entsprechenden Reihenfolge ausführen. Diese Handlungsschritte werden von entsprechenden Gedanken begleitet. Man sagt sich zum Beispiel die Reihenfolge der Installationsschritte vor oder denkt sich »halt, jetzt muß ich aufpassen, das rote Kabel muß an diese Anschlußstelle!«.

Wenn alle Kabel installiert sind, kontrolliert man, ob man auch alles richtig gemacht hat und ob das Gerät funktioniert, d. h. man überprüft das Ergebnis des eigenen Handelns. Auch dieser Überprüfungsprozeß wird häufig von Gedanken begleitet, wie zum Beispiel: »Hm, das Gerät funktioniert, also habe ich alles richtig gemacht«, oder »Uff, das war jetzt aber knifflig, glücklicherweise funktioniert alles.«

Selbstgesprächsregulation

Wie dieses Beispiel zeigt, kommen die Gedanken in Form von Selbstgesprächen zum Ausdruck. Meist erfolgen sie »automatisch« und sind einem oft gar nicht bewußt. In Selbstgesprächen formuliert man Pläne für sein Handeln, gibt sich selbst Anweisungen, ordnet seine Gedanken oder kommentiert das eigene Handeln.

Gedanken äußern sich in Selbstgsprächen, deren Intensität von den erlebten Beanspruchungen bestimmt wird.

Die Erfahrung zeigt, daß die Intensität von Selbstgesprächen von der erlebten Beanspruchung abhängt: Wenn ein Problem sehr schwierig ist, wenn etwas Neues gelernt werden soll, oder wenn sehr viele Reize auf einmal aufgenommen werden müssen, beginnt man manchmal sogar laut mit sich selbst zu sprechen. Schimpfen und Fluchen sind dabei Ausdruck von »dramatischen« Verläufen des Selbstgespräches.

Die Bedeutung von Selbstgesprächen im sportlichen Leistungsprozeß belegt eine Untersuchung von MAHONEY und AVENER aus dem Jahr 1977. Die Autoren verglichen bei den US-Olympiaqualifikationen im Geräteturnen die für die Spiele qualifizierten Athleten mit den nicht-qualifizierten im Hinblick auf die Selbstgespräche, die sie vor, während und nach ihren Wettkämpfen geführt hatten.

Nicht-Qualifizierte sprachen von Selbstzweifeln und Angst vor drohendem Versagen, während Qualifizierte über eher zuversichtliche Gedanken berichteten. Nicht-Qualifizierte hatten Schwierigkeiten, sich während des Wettkampfes von einem Fehler zu erholen und grübelten vielfach über die »tragischen« Konsequenzen von Fehlern nach, während die Qualifizierten ihre Fehler aus ihren Gedanken förmlich ausgrenzten. Qualifizierte konnten sich also vollständig auf ihre Aufgabe konzentrieren, während Nicht-Qualifizierte mehr von Sorge und der Beschäftigung mit sich selbst eingenommen waren.

6

Daß Leistungsreserven durch die Steuerung von Selbstgesprächen aktiviert werden können, verdeutlicht die Beschreibung von Hannes LINDEMANN (1975), der zweimal den Atlantik überquert hat: in einem Einbaum und in einem Serienfaltboot. Er berichtet über die enge Verflechtung zwischen Selbstgespräch und Handeln. Seine eigenen Studien führten ihn zu der Einsicht, daß das Selbstgespräch umschlägt (»Jetzt schaff' ich's nicht mehr« o. ä.), bevor man unter extremen Belastungen aufgibt; d. h. die negative Wendung findet zunächst im Kopf statt, und erst dann folgen entsprechende Handlungen. Aus Angst, Panik und Verzweiflung sind nach LINDEMANN mehr Schiffbrüchige ums Leben gekommen als durch körperliche Not: »Ein Schiffbrüchiger gibt zuerst seelisch auf, dann erst folgen die Muskeln und als letztes überlebt das Rettungsboot.«

Aus der Praxis

Jede negative Wendung findet zuerst im Kopf statt.

LINDEMANN beschreibt die psychologische Vorbereitung auf seine zweite Atlantiküberquerung:
»Ein halbes Jahr vor der Abfahrt begann ich..., mir dreimal täglich den Satz einzuhämmern: ›Ich schaffe es.‹ Zusätzlich versuchte ich, abends vor dem Einschlafen mein Unterbewußtsein in Tätigkeit zu bringen, um eine Antwort im Schlafe oder im Traume oder als ›innere Stimme‹ zu erhalten auf die Frage: Ist die Fahrt moralisch gerechtfertigt? Komme ich an?
Nach einigen Monaten glaubte ich, als innere Antwort das ›kosmische Sicherheitsgefühl‹ zu besitzen, daß die Faltbootüberquerung ein gutes Ende nehmen würde. Ich fühlte mich sicher, was ich von meinen früheren Fahrten nicht sagen konnte; deshalb war ich früher schon zweimal umgekehrt, da mich eine innere Unsicherheit dazu aufrief.
Als ich dieses ›kosmische Sicherheitsgefühl‹ spürte, entschied ich mich für die Fahrt und bildete mir andere Sätze in das Unterbewußtsein ein, das den völlig Ermüdeten daran erinnern sollte: ›Halte Kurs West.‹ Es durfte nicht erst eine riesige See übers Deck waschen, um mich aus dem Schlafmangeldelirium zu reißen. – Und noch ein anderer Satz mußte in mein

Unterbewußtsein eingebaut werden: ›Nicht aufgeben!‹ Er sollte gegen die Sirenenrufe der vollkommenen Ermüdung schützen, gegen die vielen zu erwartenden Halluzinationen feien. Die Lockrufe aus dem bequemeren Jenseits sollten an dem so vorbereiteten Unterbewußtsein abprallen. Das ›Nichtaufgeben‹ bildete ein ›seelisches Korsett‹ in den dunkelsten Stunden der Fahrt, als ich am 57. Tag kenterte und neun Stunden im Sturm auf dem Boot liegen mußte, bevor ich es im Morgengrauen wieder aufrichten konnte. Neun Stunden an einen winzigen, glitschigen Gummischuh geklammert, bei 6 bis 9 m Wellenhöhe mit erbarmungslosen Brechern und heulendem Wind, das erforderte mehr als normalen Lebenswillen.

Noch ein Satz mußte tief verankert werden: ›Nimm keine Hilfe an!‹ Er sollte mich davor bewahren, auf der einen Seite Lebensmittel von vorbeiziehenden Dampfern anzunehmen oder selbst an Bord zu gehen. Und wie wichtig waren doch diese Sätze, die immer nur dann im Bewußtsein auftauchten, wenn sie gebraucht wurden, wenn sie angepaßt waren. Als ich dann am 36. Tag den Dampfer ›Blitar‹ aus Rotterdam traf, lehnte ich seine Hilfe entschieden ab, obwohl ich zu dieser Zeit schon Lebensmittel nötig hatte. Die Begegnung lief auch ganz traumartig ab.«

Wer aufgibt, gibt zuerst im Kopf auf.

Dieser von LINDEMANN für einen Extremfall berichtete Zusammenhang zwischen Selbstgespräch und Leistung deckt sich mit praktischen Erfahrungen des Verfassers im Umgang mit Hochleistungssportlern. Aber auch Freizeitsportler können dies leicht nachvollziehen: Wenn man sich in eine Ausdauersituation (z. B. einen normalen Lauf im Rahmen der eigenen Leistungsmöglichkeiten) begibt, wird das Selbstgespräch um so intensiver, je härter man die körperliche Beanspruchung erlebt; d. h. **der »Kampf ums Durchhalten« wird per Selbstgespräch geführt.** Bevor man aufgibt, »kippt« zunächst das Selbstgespräch, und erst danach hört man auf zu laufen. Diese Reihenfolge ist in Leistungssituationen niemals umgekehrt. Daher kann das Anfeuern von extrem beanspruchten Athleten dazu beitragen, daß sie die Situation überstehen: Die Anfeuernden helfen, das Selbst-

gespräch im Sinne einer Stabilisierung zu regulieren und die Erfolgszuversicht aufrechtzuerhalten.
Unter extremer Beanspruchung wird das Selbstgespräch, d. h. der Versuch, Problemlösungen zu finden, ambivalent: Die Gedanken springen zwischen Zuversicht und Zweifeln hin und her. Eine Person, der es schließlich gelingt, sich dahingehend zu regulieren, daß sie erfolgszuversichtlich und leistungsbereit »durchhalten« kann, verfügt über die grundlegende Fertigkeit, psychische Beanspruchungssituationen zu bewältigen. Dies schließt auch ein, daß sie sich in Situationen, für die sich keine Lösungsmöglichkeiten eröffnen, zum rechten Zeitpunkt nach Flucht- bzw. Rückzugsmöglichkeiten umsieht und sich für sie entscheidet.

Wichtige Strategien in Form von Selbstgesprächen

Das Loben und Belohnen sind Möglichkeiten der Selbstbekräftigung.

Welche Technik im speziellen Fall »die richtige« ist, muß man je nach Situation selbst entscheiden.

Selbstmotivierungstechniken:
Selbstmotivierungstechniken sind die Maßnahmen, die dazu dienen, den »inneren Schweinehund« zu überwinden. Dies können Selbstinstruktionen sein (»Raff dich auf!«, »Gib bloß nicht so schnell auf!«), oder auch das Vergegenwärtigen eigener Fertigkeiten (»Ich bin besser vorbereitet als der Gegner«). Der Selbstmotivierung dienen Techniken der Selbstbekräftigung (z. B. sich selbst loben bzw. belohnen) und der Antizipation, d. h. das Vorwegnehmen von Fremdbekräftigung (z. B. »Ich stell' mir dann vor, wie die Presse mich bejubelt«). Ebenso appellieren Sportlerinnen und Sportler an ihren Siegeswillen oder an ihre eigene Stärke.

Rationalisierungstechniken:
Rationalisierungstechniken dienen dazu, die Bedeutsamkeit eines als beanspruchend erlebten Ereignisses zu verringern. Eine sehr geläufige Strategie ist hierbei das Relativieren, d. h. das In-Beziehung-Setzen einer Problemsituation zu anderen schwierigen Situationen, um dadurch ihre Bedeutung angemessen einordnen zu

können (z. B. »Wenn ich diesen einen Wettkampf verliere, ist das doch nicht so schlimm; nächste Woche ist ja schon der nächste.« oder »Ein dritter Platz ist eigentlich auch nicht schlecht, bei dieser Konkurrenz«).

Aufmerksamkeitsveränderungen:
Aufmerksamkeitsprozesse lassen sich grundsätzlich in zwei Richtungen verändern: Sie können auf bestimmte Aspekte, Ereignisse, Handlungen etc. eingeengt oder aber von ihnen abgelenkt werden (vgl. Kap. Aufmerksamkeitsregulation). So kann man seine Aufmerksamkeit in Beanspruchungssituationen beispielsweise von der eigenen Müdigkeit ablenken, indem man sich nur mit bestimmten Aspekten seines Handelns beschäftigt, auf »angenehme« Gedanken umschaltet oder sich auf das Handeln anderer Personen konzentriert (z. B. auf Stärken oder Schwächen des Gegners beim Tennisspiel).

Suche nach Problemlösungsstrategien:
Ausgangspunkt für die Suche nach Problemlösungsstrategien sind Fragen wie z. B.: »Was könnte ich denn tun, um diese Situation zu bewältigen?« Dann stellt man sich Lösungsmöglichkeiten für die Problemsituation vor und überlegt, welche Folgen die Anwendung dieser Lösungsmöglichkeiten haben wird. Auf diese Weise kann man in Gedanken mehrere Lösungswege durchspielen und sich dann für eine angemessene Strategie entscheiden.

Man sollte nie mit seinen Gedanken an eigenen Fehlern hängenbleiben.

Die das Handeln unterstützenden Selbstgespräche oder Denkweisen sind nicht einfach »da«. Oft werden Selbstgespräche geführt, die einen negativen Einfluß auf die Handlungsausführung haben. So beschimpfen sich viele Sportler selbst, wenn ihnen ein Fehler unterlaufen ist, und sie bleiben, wie die oben zitierte Untersuchung von MAHONEY und AVENER zeigte, mit ihren Gedanken an diesem Fehler hängen. Wie sich das auswirken kann, soll das folgende Beispiel verdeutlichen:
Ein Golfspieler steht beim Putten vor dem Loch. Er denkt daran, was passiert, wenn er den Ball mit dem nächsten Schlag versenkt, vielleicht auch daran, was passiert, wenn er den Ball ein weiteres Mal am Loch vorbeischlägt. Er malt sich alle Konsequenzen dieses Gelingens bzw. Versagens aus. Das kann so weit führen, daß

die Gedanken über die Situation hinausgehen und der Golfspieler sich auf alles andere konzentriert, nur nicht auf das Ausführen eines optimalen Bewegungsablaufes. In dieser Situation ist das Gelingen seines Putts lediglich ein Zufallsprodukt.

Das Führen positiver Selbstgespräche muß daher systematisch trainiert werden, d. h. Bestandteil des täglichen Trainings sein. Dabei geht es nicht darum, irgendwelche unrealistischen Ziele per Selbstgespräch herbeizuzaubern, sondern die eigenen realistischen Leistungsmöglichkeiten ausspielen zu können, wenn es darauf ankommt.

Aus der Praxis

Versuchen Sie, von leistungsmindernden Gedanken wegzukommen und statt dessen die Aufmerksamkeit auf die Technik zu richten.

Die Eiskunstläuferin

Die Eiskunstläuferin, um die es hier geht, hatte – wie wohl jede ihrer Kolleginnen – ihren »Problemsprung«, der ihr in der Kür erhebliche Schwierigkeiten bereitete. Wenn sie im Training locker laufen konnte und »gut drauf war«, beherrschte sie den Sprung problemlos. Schwierig wurde es jedoch immer dann, wenn es für sie in wichtigen Wettkämpfen darum ging, eine Medaille oder einen guten Platz zu erlaufen.

Ein Bestandteil des psychologischen Trainings war die Analyse ihrer Selbstgespräche während der Kür. Hier wurden der »Problemsprung« und die damit verknüpften Selbstgespräche herausgehoben. Es zeigte sich, daß sie sich immer dann, wenn sie zu einem Sprung anlief, Gedanken um die Folgen eines möglichen Patzers machte: »Jetzt kommt er wieder, o Gott, hoffentlich klappt's.«

Die Läuferin konzentrierte sich also nicht auf die korrekte **Ausführung**, sondern sie befaßte sich mit den **Konsequenzen** eines möglicherweise verpatzten Sprungs und reagierte darauf mit Verkrampfung und oft sogar mit Angst. Beides sind denkbar schlechte Voraussetzungen für eine gute sportliche Leistung.

Ziel war es, über Aufmerksamkeitsveränderungen

mittels Selbstgespräch von den leistungsmindernden Gedanken wegzukommen, und statt dessen die Aufmerksamkeit durch konkrete Handlungsanweisungen auf die Technik zu richten. In einem ersten Schritt wurde festgelegt, welche Handlungsschritte notwendig sind, um den Sprung perfekt durchzuführen: Es wurden zunächst die wichtigsten Punkte der Handlung herausgearbeitet. Diese einzelnen Handlungsschritte wurden dann so weit verdichtet, daß sie während des Anlaufens zum Sprung gesprochen werden konnten. In diesem Fall handelte es sich um folgende Formulierungen: »Tiefes Anlaufen«, »Einhaken mit dem Schwungbein«, »Explosive Einleitung der Rotation.«
Es stellte sich allerdings heraus, daß diese Formulierungen zuviel Zeit in Anspruch nahmen, so daß in einem nächsten Schritt zu einer Kurzform übergegangen wurde: »Tief – ein – wusch.« »Tief« war die Symbolik für ein »Tiefes Anlaufen«, »ein« war das Einhaken mit der Schlittschuhspitze des Schwungbeins ins Eis und »wusch« die Formulierung für die einzuleitende Drehung.
Wesentlich war nun, daß diese Formulierungen und deren Kurzform auch im Training permanent mit dem Sprung verknüpft und systematisch eingeübt wurden.

Die Rollstuhl-Tischtennisspielerin
Der Athletin gingen während des Spiels immer wieder Gedanken über »irgend etwas irgendwo« durch den Kopf. Sie griff die Anregung zur Selbstgesprächsregulation auf und machte große Fortschritte, weil sie lernte, sich in allen möglichen Trainings- und Wettkampfsituationen »selbst zur Ordnung zu rufen«, was einer Selbstmotivierungstechnik durch Eigeninstruktion gleichkommt.

Sprechen Sie auch während eines Wettkampfs oder während des Trainings mit sich selbst, und rufen Sie sich selbst zur Ordnung.

RCHER
OR

Kompetenz-erwartung

Die Wichtigkeit der Selbstwirksamkeitsüberzeugung zeigt sich, sobald man sich von der Trainings- auf die Wettkampfatmosphäre umstellen muß.

Die praktische Erfahrung zeigt, daß viele Athleten, die im Training durchaus ihre Leistungen erbringen, in Wettkampfsituationen zwar nicht die körperlichen, technischen und taktischen Leistungsvoraussetzungen verlieren, wohl aber die Überzeugung von deren Wirksamkeit. Aus diesem Zusammenhang läßt sich vereinfacht das Phänomen des **»Trainingsweltmeisters«** erklären. Ein junger Schwimmer zum Beispiel zeigte im Training regelmäßig hervorragende Leistungen. Die Trainingsgestaltung war scheinbar optimal, da der Trainer gute Fortschritte und entsprechende Leistungsentwicklungen feststellen konnte. An Konzentration, Motivation etc. war im Training nichts auszusetzen, alles lief im Grunde »wie im Bilderbuch«. Jedesmal wenn es jedoch zu Wettkämpfen ging, d. h. dann, wenn der junge Schwimmer die Wettkampfatmosphäre spürte, seine Konkurrenten und die Zuschauer sah, verlor er seine Ausgeglichenheit. Er begann, an sich selbst zu zweifeln, war nicht mehr davon überzeugt, daß er die im Training erworbene Leistungsfähigkeit umsetzen konnte und erreichte dann tatsächlich nicht sein im Training übliches Leistungsniveau.

Das Beispiel zeigt, daß es notwendig ist, die Überzeugung von der Wirksamkeit des eigenen Handelns (Kompetenzerwartung) – auch in den schwierigsten Situationen – einzuüben.

Das Konzept der Kompetenzerwartung ist Teil der sogenannten Self-Efficacy-Theorie von Albert Bandura. BANDURA (1977) konnte in seinen Untersuchungen zeigen, daß das Handeln von Personen, vor allem von den **Kompetenz-Erwartungen** beeinflußt wird. Positive und/ oder negative Erwartungen hinsichtlich der Wirksamkeit des eigenen Handelns bestimmen darüber, ob z. B. in einer Beanspruchungssituation eine Handlung eingeleitet, wieviel Anstrengung aufgewendet und wie lange sie aufrechterhalten wird. Wie stark dieser Einfluß der Kompetenz-Erwartung ist, hängt natürlich davon ab, wie hoch der Anspruch der betreffenden Person ist und wie sehr sie von ihrer Wirksamkeit überzeugt ist. Außerdem besteht ein wechselseitiger Zusammenhang zwischen der konkreten (Anforderungs-)Situation, d. h. der subjektiven Wahrnehmung der eigenen Aktivität im Moment der Handlungsausführung und den oben genannten Erwartungen.

Kompetenz-erwartung

Die Erfahrungen des Verfassers bei der Betreuung von Sportlerinnen und Sportlern bestätigen die von BANDURA gewonnenen Erkenntnisse. Motivation und Stabilität sind dann gegeben, wenn der Athlet vor der selbst- oder fremdgestellten Anforderung selbstbewußt und sicher sagen kann:

»Ich bin überzeugt, daß ich die gestellte Anforderung schaffen kann, wenn ich mich **jetzt** anstrenge!«

Wettkampfstabile Sportler, denen es auch in schwierigen Situationen nicht an Überzeugung von der Effektivität des eigenen Handelns mangelt, müssen

1. eine tiefgreifende Überzeugung von den eigenen Fähigkeiten und Fertigkeiten besitzen;
2. selbst- oder fremdgestellte Anforderungen angemessen einschätzen können;
3. in der Lage sein, sich die optimale Leistung zum geforderten Zeitpunkt zuzutrauen und in der Regel auch zu erbringen (d.h. jetzt, nicht vielleicht morgen oder vielleicht übermorgen);
4. unter voller Anstrengungsbereitschaft auch in schwierigen Anforderungssituationen ihre innere Organisation mit Blick auf den optimalen Bewegungsablauf aufrechterhalten können.

Wichtig ist, die Überzeugung von den eigenen Fähigkeiten. Dabei spielt nicht allein technisches Können eine Rolle.

Der Erwerb von Verhaltens- und Handlungsmustern allein (z.B. von sportlichen Techniken) genügt nicht, um diese zu einem definierten Zeitpunkt auch optimal verwirklichen zu können. Vielmehr ist es notwendig, gleichzeitig die subjektive **Überzeugung** aufzubauen, daß die

Sydney 2000

Fähigkeiten und erworbenen Fertigkeiten ausreichen, um auch in Beanspruchungssituationen bestehen zu können. Es gilt im Training also ständig die Überzeugung zu verbessern, daß die erworbenen motorischen, technischen und taktischen Voraussetzungen unter allen denkbaren Bedingungen realisierbar sind. Diese Überzeugung ergibt sich aus der erlebten Sicherheit, daß die zur Verfügung stehenden Handlungen und Handlungsmöglichkeiten im Sinne der vorgegebenen Zielsetzung wirksam sein können (EBERSPÄCHER, 1993).

Es gibt drei wesentliche Unterschiede zwischen Trainings- und Wettkampfsituation.

Zur Gestaltung eines Trainings mit der genannten Zielrichtung muß man sich zunächst drei psychologisch begründbare Unterschiede zwischen Trainings- und Wettkampfsituation vergegenwärtigen:
1. Wettkampfsituationen sind nicht wiederholbar, sie sind einmalig.
2. Wettkampfsituationen gehen immer (bewußt oder unbewußt) mit einer Prognose, also einer Vorhersage, über das erwartete Ergebnis einher, was vor allem daran zu erkennen ist, daß Athleten nach dem Wettkampf erfreut, zufrieden, enttäuscht, frustriert o. ä. sind;
3. Wettkampfsituationen haben immer Konsequenzen.

Vor dem Hintergrund dieser Einsicht hat der Verfasser drei Varianten eines Kompetenzüberzeugungstrainings entwickelt:
- das Prognosetraining,
- das Training der Nichtwiederholbarkeit,
- das Prognosetraining und das Training der Nichtwiederholbarkeit mit Zeitverzögerung.

Prognosetraining

Der sicherste Weg, psychische Beanspruchung zu **vermeiden,** ist der, zuerst etwas zu tun und danach das Ziel festzulegen, das man damit erreichen wollte. Das Ziel adaptiert man dann an den jeweiligen Handlungsaus-

gang. Auf diese Weise kann man sicher sein, nie Mißerfolge zu haben, weil man ja sein Ziel erreicht hat.
Dieses Verfahren entspricht dem Vorgehen eines Mannes, der seine Treffsicherheit mit dem Gewehr überprüfen will. Er sucht sich dazu eine leere Wand aus, schießt auf diese Wand und malt danach so um die Einschlagstelle eine Zielscheibe herum, daß sein Schuß im Zentrum liegt – **der garantierte »Erfolg« durch Sich-in-die-Tasche-Lügen!**
Diese Art des »Trainings« scheint weit verbreitet zu sein. Nur so ist es zu erklären, warum viele Athleten in Wettkampfsituationen versagen. Sie haben offensichtlich die Chance, Erfolg und Mißerfolg im Training zu erleben und sich damit auseinanderzusetzen, nicht genutzt. Sowohl Erfolg als auch Mißerfolg setzen nämlich voraus, daß man sich **zunächst ein Ziel setzt, dann handelt** und **danach überprüft,** ob man sein Ziel wirklich erreicht hat. Geht man aber wie der oben erwähnte »Schießkünstler« vor, kann man zwar das Risiko und somit die Angst vor dem Mißerfolg vermeiden (weil man ja den Vergleich mit einem Ziel von vornherein umgeht), man lernt aber auch nicht, sich mit dem Risiko des Mißerfolgs auseinanderzusetzen und entsprechende Gegenmaßnahmen einzuleiten. Den Erfolg schwindelt man sich allerdings auf diese Art nur in die Tasche, denn man kann sich kaum als Verursacher eines Erfolges erleben.

Kompetenzerwartung

Dieses Erlebnis ist eine entscheidende Basis zum Aufbau des Selbstvertrauens: »Ich bin überzeugt, daß ich mein Ziel erreichen kann, wenn ich mich **jetzt** einsetze!«
Um zu verstehen, wie das Prognosetraining abläuft, sind diese Zusammenhänge sehr wichtig. Zugrunde liegt die Einsicht, daß man den Umgang mit psychischer Beanspruchung, Erfolg und Mißerfolg nur dann im Training lernen kann, wenn man zunächst ein Ziel setzt und anschließend handelt.

Sportler sollten lernen, mit dem Risiko des Mißerfoges umzugehen, und versuchen ihr Selbstvertrauen aufzubauen.

Dies bedeutet zum Beispiel für Testsituationen in allen Sportdisziplinen, daß der Trainer nicht einfach bekanntgibt: »Wir machen jetzt einen Test. Jeder gibt sein Bestes!«, sondern daß zunächst die Anforderungen und das Ziel festgelegt werden (z. B. 10 Risikoaufschläge im Tennis oder Volleyball, 5 Angriffe des Sturms gegen die Abwehr einer Fußballmannschaft und **jeder** Teilnehmer dieses Tests seine Prognose über das Ergebnis abgibt

(»9 von 10 Aufschlägen bringe ich ins Feld« bzw. »Wir schließen 3 der 5 Angriffe mit einem Torschuß ab«) und anschließend versucht, diese – schriftlich festgehaltene – Prognose zu erfüllen.
So lernen Athleten, aber auch Trainer, mit psychischer Beanspruchung durch selbstgestellte Anforderungen sowie mit Erfolg und Mißerfolg umzugehen, denn nach dem Test läßt sich feststellen, ob die Prognose erreicht worden ist oder nicht.
Danach ist wiederum zu prüfen, ob die aufgestellte Prognose realistisch oder unrealistisch war, bzw. woran es gelegen hat, warum sie erreicht, nicht erreicht oder übertroffen worden ist. Für das nächste Prognosetraining sind die Voraussagen der Teilnehmer im Sinne einer realistisch-optimistischen Einschätzung der eigenen Leistungsfähigkeit gegebenenfalls zu verändern.
Diese Form des Prognosetrainings läßt sich durch das »offene Prognosetraining« noch verschärfen. Dabei wird die aufgestellte Prognose nicht nur zwischen Trainer und Sportler vereinbart, sondern auch in der Trainingsgruppe veröffentlicht.
In Kampfsportarten etwa wird dem Gegner mitgeteilt, welche Prognose aufgestellt worden ist. Zum Beispiel kann ein Judoka vor dem Übungskampf (Randori) seinem Gegner mitteilen, daß er ihn in den nächsten drei Minuten mit einem Uchimata rechts werfen wird, oder die Abwehr einer Handballmannschaft sagt den Angreifern, wie viele von 10 Angriffen erfolgreich verhindert werden, nachdem letztere ihre Prognose abgegeben haben. Diese Form des Trainings stellt ausgesprochen wettkampfnahe Anforderungen, da ja viele Sportler bzw. Mannschaften in Wettkämpfen häufig bereits wissen, mit welchen Techniken ihre Gegner erfolgreich sind bzw. in der Vergangenheit erfolgreich waren und ohnehin entsprechende Abwehrmaßnahmen einplanen.

Im Prognosetraining wird immer zuerst ein Ziel gesetzt, dann wird die Prognose schriftlich festgehalten und schließlich überprüft.

Selbstverständlich kann der Trainingsalltag nicht nur aus Prognosetrainings bestehen. Ohne Frage braucht man auch die Zeit für andere Zielstellungen; es ist jedoch zweckmäßig und sinnvoll, das Prognosetraining regelmäßig mit aufzunehmen.

Training der Nichtwiederholbarkeit

Kompetenz-
erwartung

Ein zweites Moment, in dem sich Trainingssituationen oftmals von Wettkampfsituationen unterscheiden, ist die Tatsache, daß im Training Abläufe, die nicht geklappt haben, ohne weiteres zu wiederholen sind, während sie in Wettkämpfen in der Regel nicht wiederholbar sind.
Aus dem Wissen um diese Nichtwiederholbarkeit erwachsen in Wettkampfsituationen unter Umständen erhebliche psychische Beanspruchungen (»Jetzt oder nie«; »Wenn dieser Versuch scheitert, muß ich heimfahren!«). Deshalb wurde von uns ein **»Einmaligkeitstraining«** (Training der Nichtwiederholbarkeit) entwickelt, das folgendermaßen abläuft: Der Sportler, der überprüfen will, ob er in der Lage ist, seine Leistung auch auf Abruf zu erbringen, darf nur einmal handeln, ohne die Option, im Falle eines Mißerfolgs wiederholen zu können.

Im Wettkampf sind Abläufe in der Regel nicht wiederholbar. Mit einem sogenannten Einmaligkeitstraining werden Sportler darauf vorbereitet.

Der praktische Ablauf sieht so aus, daß der Trainer zunächst einen Zeitpunkt definiert. Dies ist ein wichtiger Aspekt des Einmaligkeitstraining. Der Zeitpunkt der Leistungsabgabe wird von außen definiert und nicht vom Athleten selbst, weil dies auch bei Wettkämpfen die Regel ist. Nach dem Festlegen des Zeitpunktes hat der Athlet den vorgegebenen Zeitraum zur Verfügung, um sich entsprechend zu präparieren, und hat dann einen Versuch frei, für dessen erfolgreichen Ausgang er ebenfalls eine Prognose abgibt.
Wenn dieser Versuch fehlschlägt, trainiert er entweder weiter oder das Training wird, sofern man diese Trainingsform zum Schluß einsetzt, beendet. Setzt man diese Übungsform am Ende einer Trainingseinheit ein, kann man den Sportler damit die – positiven oder negativen – Konsequenzen spüren lassen: Unabhängig von Erfolg oder Mißerfolg ist das Training anschließend beendet. Die bei dieser Übung erfolgreichen Athleten haben somit ein positives Erlebnis (ihre Prognose könnte beim nächsten Mal im Sinne einer noch besseren Leistung ausfallen); die Erfolglosen müssen mit der Konsequenz des Nicht-Erreichens des gesteckten Ziels umgehen lernen. Gerade diese Athleten sind jedoch erfahrungsgemäß äußerst

motiviert, diese »Scharte« bei der nächsten Gelegenheit »auszuwetzen«.
Dasselbe gilt auch für die 3. Trainingsform: das Prognose- und Nichtwiederholbarkeitstraining mit Zeitverzögerung.

Prognosetraining und Training der Nichtwiederholbarkeit mit Zeitverzögerung

Das Erbringen der Leistung wird um so schwieriger, je länger die Zeitvorgabe ist, d. h. je länger man auf den Beginn des Wettkampfes etc. warten muß.

Eine zusätzliche Beanspruchung kann in die geschilderten Trainingsformen dadurch eingebracht werden, daß der Zeitpunkt des Leistens hinausgezögert wird. Das heißt beispielsweise, daß eine Prognose aufgestellt wird, daß aber danach dem Athleten 10, 20 oder 30 Minuten Zeit gegeben werden, sich auf diese Leistung vorzubereiten. Erfahrungsgemäß wird das Erbringen der Leistung um so schwieriger, je länger die Zeitvorgabe ist. Das hängt damit zusammen, daß in Vorbereitungs- und Wartezeiten unter Umständen störende Kognitionen (z. B. in Form von negativen Selbstgesprächen), die die Konzentration auf die Leistung irritieren, »an den Nerven zerren«. Dieser Effekt ist notwendig, weil die Realität in der Wettkampfpraxis (z. B. in Call-room-Situationen im internationalen Sport) oftmals so aussieht. Die Athleten lernen also, sich auf den Ernstfall vorzubereiten.

Die Wirksamkeit der hier dargestellten Trainingsformen verblaßt, wenn man sie zu häufig und ohne ausreichenden zeitlichen Abstand durchführt; man sollte ruhig einige Tage verstreichen lassen.

Im Anschluß an jedes Prognose- bzw. Einmaligkeitstraining wird zunächst die **Ist-Soll-Diskrepanz** festgestellt, d.h. man überprüft, ob die prognostizierte Leistung erbracht wurde, nicht erbracht wurde oder übertroffen werden konnte. Dann werden die Gründe analysiert, warum dieses und kein anderes Leistungsergebnis eingetreten ist (s. Kap. Zielsetzung und Analyse). Gegebenenfalls wird abschließend die Prognose bzw. Zielsetzung für spätere Situationen revidiert (siehe Trainingsbegleiter).

Generelles Ziel des Kompetenzüberzeugungstrainings ist es, Athleten systematisch dahin zu führen, daß sie lernen, sich Ziele selbst zu setzen und die Überzeugung aufzubauen, daß sie ihre selbst gesteckten Ziele aufgrund eigener Fähigkeiten und Anstrengungen erreichen können. Dies ist die notwendige Voraussetzung selbstbewußter und wettkampfstabiler Sportler (EBERSPÄCHER, 1988).

Aus der Praxis

Ein Beispiel aus der Praxis verdeutlicht das größte Problem der Diskuswerfer vor dem Wettkampf: das Überwinden der Qualifikation.

Der Diskuswerfer
Ein Problem vor großen Wettkämpfen ist für Werfer das Überwinden der Qualifikation. Schon sehr viele gute Athleten sind in der Qualifikation gescheitert und dadurch aus dem Wettkampfgeschehen ausgeschieden.
Der Diskuswerfer, von dem hier die Rede ist, wollte sich genau auf dieses Problem vorbereiten: Es sollte ihm nicht passieren, in der Qualifikation zu scheitern – wie so viele seiner Kollegen. Dies ist ein wesentliches Problem der Kompetenzerweiterung. Der Athlet mußte also die innere Position aufbauen: »Ich bin in der Lage, die Qualifikationsweite zu werfen, wenn ich mich jetzt anstrenge.«
Ein bedeutendes Element des gemeinsamen Trainings bestand darin, vorab eine Weite festzulegen, die dann geworfen werden mußte.
Um die psychische Beanspruchung in dieser Situation zu erhöhen, verschärften wir dieses Prognosetraining dadurch, daß wir vor dem eigentlichen Wurf eine längere Pause (10-20 Minuten) einschalteten. Der Zeitpunkt des Wurfes wurde genau festgelegt.
So konnten psychologisch bedeutsame Beanspruchungsmomente der Qualifikations- bzw. Wettkampfsituation in das Training eingebracht und geübt werden.

HELSINKI

Aufmerksamkeits-regulation

Der Begriff der Aufmerksamkeit

Im Sport hat die Aufmerksamkeit, deren Kontrolle für situationsangemessenes Verhalten wichtig ist, eine besondere Bedeutung.

Das Bild einer Taschenlampe, bei der der Lichtkegel in zwei Stufen verstellbar ist (Stufe 1: Bündelung der Strahlen, so daß ein kleiner Ausschnitt hell ausgeleuchtet werden kann; Stufe 2: Streuung der Strahlen, so daß ein größerer Ausschnitt – allerdings nicht mehr so deutlich wie bei Stufe 1 – ausgeleuchtet werden kann), kann helfen, den Begriff der »Aufmerksamkeit« zu verstehen: Gehen wir bei Dunkelheit mit einer solchen Taschenlampe spazieren, können wir immer nur den Bereich sehen, der vom Lichtkegel dieser Lampe beleuchtet wird, d. h. wir nehmen nur einen Ausschnitt der Umwelt wahr. Die Größe dieses Ausschnitts hängt davon ab, ob wir die Lampe auf Stufe 1 oder Stufe 2 geschaltet haben. Zur Ausleuchtung eines großen Ausschnitts müssen die Strahlen des Lichtkegels unserer Taschenlampe entsprechend weit streuen. Die Wirkung der Lichtstrahlen wird verteilt, der Ausschnitt wird weniger hell ausgeleuchtet. Zur Ausleuchtung eines kleinen Ausschnitts kann die Lampe auf Stufe 1 geschalten werden. Die Strahlen des Lichtkegels werden dabei gebündelt, und ihre Wirkung wird auf diesen kleinen Ausschnitt konzentriert. Je näher die beleuchteten Gegenstände sind, desto deutlicher können wir sie sehen. Damit wir die Lampe situationsangemessen einsetzen können, ist es wichtig, daß ihr Umschaltmechanismus gut funktioniert.
In psychologische Fachsprache übersetzt bedeutet dies folgendes: Beim Handeln nimmt man immer nur einen kleinen Teil der Informationen über sich und die Umwelt wahr. Dabei beeinflussen Aufmerksamkeitsprozesse (= Lichtkegel) die Menge und die Art der aufgenomme-

nen Reize. Man kann die Aufmerksamkeit auf bestimmte Objekte, Handlungen, Vorstellungen und Gegebenheiten einengen, d. h. sich auf sie **konzentrieren** (= Stufe 1) oder auf mehrere Aspekte verteilen, d. h. **distribuieren** (= Stufe 2).
Der Aufmerksamkeit kommt als gerichteter, bewußter und intensiver Wahrnehmung im Sport eine besondere Bedeutung zu (EBERSPÄCHER, 1992), da es für situationsangemessenes Handeln wichtig ist, daß man seine Aufmerksamkeit schnell zwischen Konzentration und Distribution »umschalten« kann.
Ein sehr plausibles und praktikables Modell zur Beschreibung verschiedener Arten von Aufmerksamkeit hat NIDEFFER (1976) , ein amerikanischer Sportpsychologe vorgestellt. Er geht davon aus, daß die Kontrolle von Aufmerksamkeit im Sport eine wichtige Voraussetzung für situationsangemessenes Handeln ist.
NIDEFFER beschreibt die Ausrichtung der Aufmerksamkeit über zwei Dimensionen: external (außen) – internal (innen) und eng – weit (vgl. Grafik S. 46).

Die vier Formen von Aufmerksamkeit

Die Aufmerksamkeit eines Sportlers soll je nach Situation external – weit, internal – weit oder internal – eng gerichtet sein.

1. **External – weit** sollte die Aufmerksamkeit dann gerichtet werden, wenn man sich in einer Umgebung, die man vielleicht noch nie gesehen oder erlebt hat, zunächst einmal orientieren möchte. Die Ausrichtung der Aufmerksamkeit auf external – weit erlaubt es, viele Informationen gleichzeitig aufzunehmen. Auf diese Weise kann man sich schnell ein weiträumiges, jedoch relativ undifferenziertes Bild von einer neuen Situation machen.

Beispiel:
- Ein Sportler kommt zu einem internationalen Wettkampf auf die Wettkampfstätte und orientiert sich zunächst über die Anlagen, über die räumlichen Besonderheiten und die Atmosphäre, die an diesem Platz herrscht.
- Der Spielmacher oder Ballverteiler muß, bevor er agiert, das ganze Spielfeld überschauen, um den richtigen Spielzug einzuleiten.

EXTERNAL

	WEIT	ENG
EXTERNAL	**WEIT – EXTERNAL** Optimal, um komplexe Situationen zu »lesen«, um Umfelder einzuschätzen. Ermöglicht hohes Maß an Antizipation	**ENG – EXTERNAL** Erforderlich beim Reagieren auf eine situative Anforderung, Aufmerksamkeit eingeengt, fokussiert
INTERNAL	**WEIT – INTERNAL** Analyse des Eigenzustandes, der Gesamtbefindlichkeit, z. B. vor Entscheidungen. Wichtig für schnelles Lernen	**ENG – INTERNAL** Optimal, um Sensibilität für psychische und somatische Prozesse zu erwerben (»In-sich-hinein-Hören«). Erforderlich, um sich zu »zentrieren« und zu regulieren, und um mental zu trainieren

INTERNAL

Formen der Aufmerksamkeit nach Nideffer. Übersetzt aus: Nideffer, R. M. (1981). The Ethics and Practice of Applied Sport Psychology: Michigan: Movement Publications.

2. **External – eng** wird die Aufmerksamkeit dann, wenn es darum geht, bestimmte umschriebene Sachverhalte sehr genau zu betrachten und ins »Auge zu fassen«.

Beispiel:

- Tennisspielern rät man, den Ball beim Schlag anzuschauen. Ob dies möglich ist, sei dahingestellt, da die letzte Flugstrecke des Balles vor Auftreffen auf den Schläger für das menschliche Auge nicht wahrnehmbar ist. Entscheidend ist, daß der Tennisspieler seine Aufmerksamkeit auf den Ball fokussiert, d. h. alles andere ausblenden sollte, um die richtige Aufmerksamkeit einstellen zu können.
- Vergleichbar wäre auch das Konzentrieren auf die Trefferfläche beim Fechten oder auf den Ring beim Basketballfreiwurf.

3. **Internal – weit** läßt sich die Aufmerksamkeit dann richten, wenn man sich ein umfassendes Bild von seiner momentanen Befindlichkeit machen möchte. Dieses Bild wird üblicherweise in sehr »großflächigen« Aussagen zusammengefaßt, wie z. B. »ich fühle mich nicht wohl«, »irgendwie bin ich schlapp« oder »ir-

gendwie bin ich heute nicht gut drauf«. Man beschreibt also seine allgemeine momentane Befindlichkeit.

4. **Internal – eng** ist die Aufmerksamkeit dann gelenkt worden, wenn man sich auf einen bestimmten Punkt oder einen bestimmten Vorgang seines »Innenlebens« konzentriert. Dies können körperliche oder psychische Prozesse bzw. Zustände sein.

Beispiel:
- Ein Sportler, der nach einer Knieoperation sein Knie als medizinisch ohne Befund attestiert bekommt, kann unter Umständen seine volle Leistungsfähigkeit deshalb noch nicht erreichen, weil er sich bei allen Handlungen, die auch nur andeutungsweise das Knie in Gefahr bringen könnten, ausschließlich sehr intensiv auf das Knie konzentriert.
- Andere Beispiele wären etwa die Konzentration auf den schmerzenden Zahn oder das Kreisen der Gedanken um einen bestimmten Sachverhalt, der einem »Bauchschmerzen« bereitet.

Diese unterschiedlichen Formen der Aufmerksamkeit machen deutlich, daß ein wichtiges Trainings- und Lernziel darin besteht, zwischen den verschiedenen Formen von Aufmerksamkeit hin- und herschalten zu können, um je nach Situation optimal aufmerksam zu sein. Von Konzentration, im Sinne einer Einengung der Wahrnehmung, kann nur bei der zweiten (external – eng) und bei der vierten (internal – eng) Form gesprochen werden.
Eine Anforderung an jeden Sportler ist es also, in Abhängigkeit der gestellten Aufgabe von einer Form der Aufmerksamkeit in die andere wechseln zu können. Dies kann man trainieren, indem man sich bestimmte Situationen vorstellt und im Geiste von einer Situation in die andere »wandert«.

Konzentration in der Zeit

Die Grafik von NIDEFFER, die links vorgestellt wurde, signalisiert, daß man sich in einer bestimmten Situation

Das Hin- und Herschalten zwischen den verschiedenen Formen der Aufmerksamkeit ist ein Lern- und Trainingsziel.

Die Konzentration auf die momentan zu verrichtende Handlung ist für Motorradrennfahrer von größter Bedeutung.

zur gegebenen Zeit bestimmten Inhalten zuwenden kann. Diese Vorstellung vernachlässigt allerdings einen wesentlichen Aspekt: die Konzentration in der Zeit.

Die Bezeichnung **Konzentration in der Zeit** beinhaltet nichts anderes als die Tatsache, daß eine Voraussetzung für effektives Handeln die Fertigkeit des Konzentrierens auf die momentan zu verrichtende Tätigkeit ist, ohne ständiges Voraus- oder Zurückdenken.

Welche Folgen es haben kann, wenn man sich nicht auf die momentan zu verrichtende Tätigkeit konzentriert, veranschaulicht deutlich der folgende Auszug aus einem Interview mit einem Motorradrennfahrer (Wayne Rainey, der 1989 den greifbar nahen Weltmeistertitel aufgrund eines Sturzes in der vorletzten Runde eines entscheidenden Rennens in Anderstorp (Schweden) nicht mehr erreichen konnte.

Aus der Praxis

Frage: »Was passiert, wenn du an den Sturz in Schweden denkst?«
Rainey: »Ich bemühe mich, nicht daran zu denken. Jedesmal, wenn mir dieses Rennen einfällt, werde ich unglücklich.
...
Weißt du, ich bin auf Sieg gefahren. Ich wollte nicht Zweiter werden. Ich bin nicht gestürzt, weil ich über meine Verhältnisse gefahren bin. Ich bin gestürzt, weil ich die Konzentration verloren habe. Ich bin nicht gestürzt, weil ich die Führung übernehmen wollte. Ich bin einfach hinter Eddie (gemeint ist hier der spätere Weltmeister Eddie Lawson; der Verf.) hergefahren. Das ärgert mich so, daß ich die Konzentration verloren habe, weil ich über etwas Unnötiges nachgedacht habe, über diese seltsame Boxenanzeige.
... in Anderstorp sind Start/Ziel und Box nicht identisch. Man zeigte mir deshalb 3,5, dann 2,5 Runden. Das war nicht vereinbart und brachte mich durcheinander. Während ich über die Anzeige rätselte, bin ich gestürzt!«
...
(Aus »Motorsport aktuell«, Heft 46, 8.-14.11.1989, S. 20 ff.)

Aufmerksamkeitsregulation

Die Aufmerksamkeit sollte auf die Gegenwart und nicht auf Dinge der Vergangenheit oder der Zukunft gerichtet werden.

Auch wenn es nicht immer so drastische Folgen haben muß, wie in diesem Beispiel, bleibt festzuhalten:
Man sollte in dem Augenblick, in dem man handelt, seine Aufmerksamkeit nicht auf Dinge in der Vergangenheit oder Zukunft richten, sondern nur auf das, was man in dem Moment tut.
Dieser Aussage kann natürlich entgegengehalten werden, daß man ja gar nicht planend und strategisch handeln könnte, wenn man nicht permanent voraus- und zurückschauen würde, wenn man also nicht ständig über die Situation in der man sich zu diesem Zeitpunkt befindet, hinausdenkt. Der Einwand ist durchaus berechtigt, natürlich müssen wir voraus- und zurückblicken, um neue Entwicklungen abzuschätzen oder auch Handlungsstrategien zu ändern.

Wenn es aber in einer Situation darum geht, möglichst effizient zu handeln, ist es tatsächlich notwendig, daß man im entscheidenden Moment seine Planungsprozesse und seine Rückschau, also vergleichende und bewertende Prozesse in bezug auf vergangene und zukünftige Situationen, einstellt. Man ist in solchen Situationen praktisch gezwungen, scheinbar ohne Vergangenheit und Zukunft zu handeln.
Die japanischen Zen-Meister sprechen in diesem Zusammenhang von »Leere der Gedanken« und bezeichnen dies als einen Zustand, in dem man sich mit aller Konsequenz auf den Augenblick einstellt.
Erfahrungsgemäß versagen Sportler oftmals deshalb, weil sie im entscheidenden Augenblick nicht die Handlung, die sie durchführen sollen, mit ihren Gedanken begleiten, sondern an die Konsequenzen denken, die dieser Handlung folgen: So zum Beispiel der Tennisspieler, der sich beim Stand von 30:40 nach mißlungenem 1. Aufschlag nicht auf den Bewegungsablauf des 2. Aufschlages, sondern auf die möglichen Konsequenzen, d. h. auf einen eventuellen Spielverlust konzentriert.
Eine Forderung, die Trainer häufig stellen, lautet, der Athlet sollte sich auf sich und seine Aufgabe konzentrieren. Der Athlet habe also zumindest das wichtigste System, nämlich seine eigene Person, zu regulieren. Danach kann die Aufmerksamkeitsregulation hinsichtlich der Aufgabe erfolgen. Auf der Basis dieser Konzentration wird der Athlet in die Lage versetzt, Bewegungsabläufe optimal zu verwirklichen und sich mit einem Gegner auseinanderzusetzen, ihn gegebenenfalls zu besiegen. Diese Aufmerksamkeitsregulation hinsichtlich der eigenen Person und der Aufgabe ist aber nur dann möglich, wenn vorher alle Bedingungen, die in die Anforderungssituation hineinspielen, analysiert und bewertet wurden, d. h. wenn man mit sich selbst abgeklärt hat, welche Rollen diese Bedingungen spielen. Sie tauchen sonst in der konkreten Situation als störende Gedanken auf.

Die Abbildung rechts zeigt, welche Bedingungen als Einflußfaktoren in einer Anforderungssituation in Frage kommen. Wir denken sie uns in Form konzentrisch angeordneter Schichten, wobei immer weitläufigere Überlegungen um die Konzentration auf die eigene Person

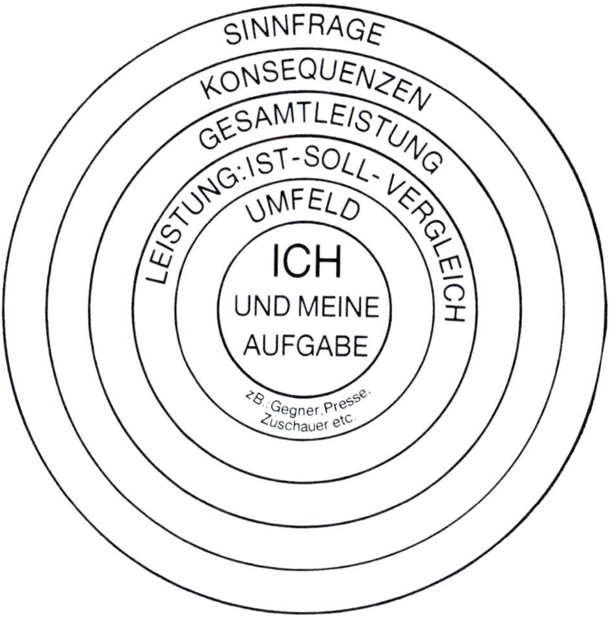

Die Grafik zeigt die Konzentrationseinflußfaktoren des »Ich« in einer sportlichen Anforderungssituation

und deren Aufgabe herum angelagert sind. Diese konzentrischen Kreise kann man in zweierlei Richtung durchlaufen: von innen nach außen und von außen nach innen. Von innen nach außen durchläuft man sie dann, wenn man im Training oder Wettkampf Probleme hat, sich auf sich selbst und seine Aufgaben zu konzentrieren. Man wird dann zunächst von seinem Umfeld abgelenkt. Man stellt z. B. Überlegungen an, die die Gegner, die Presse, das Publikum etc. betreffen. Wenn die Aufmerksamkeit noch weiter abgelenkt wird, vergleicht man den derzeitigen Zustand mit dem Zustand, den man haben sollte, d. h. man vergleicht die erbrachte Leistung mit dem Leistungsanspruch, den man eigentlich hatte.
Die nächste Ablenkungsstufe wären dann Überlegungen hinsichtlich der »herausspringenden« Gesamtleistung oder, noch weiter führend, hinsichtlich der Konsequenzen, die sich daraus ergeben werden (etwa, daß man aus einem Kader verwiesen wird oder nicht mehr in der ersten, sondern nur noch in der zweiten Mannschaft spielen darf).
Allerhöchste Gefahr für diese Aufmerksamkeit und für die Schlüssigkeit des Handelns besteht dann, wenn man in

Situationen, die einem besondere Schwierigkeiten bereiten – z. B. bei Ausdauerbeanspruchungen oder in sehr schwierigen Kampfsituationen – die **Sinnfrage** und damit sein ganzes Handeln in Frage stellt. Man wird dann nicht mehr die Motivation aufbringen, in seinem Handeln fortzufahren, und neigt dazu, einen Wettkampf oder eine Handlung aufzugeben.
Es ist praktisch kaum möglich, den Sinn einer Handlung nicht einzusehen und trotzdem hoch konzentriert und motiviert zu Werke zu gehen!

Diese Überlegungen haben Konsequenzen:

Sportler sollen eine stabile Einstellung zu der geplanten Tätigkeit, zu Training oder Wettkampf, bekommen.

Bevor man sich mit dem notwendigen Engagement langfristig oder auch kurzfristig in eine Trainingsperiode oder einen Wettkampf hineinbegibt, muß man die genannten Kreise in umgekehrter Richtung durchlaufen, um eine stabile Einstellung zu der geplanten Tätigkeit zu erreichen.
Der erste Schritt wäre demnach das **Klären der Sinnfrage,** ob also die geplante Tätigkeit, der Wettkampf, das Wettkampfergebnis etc. für einen selbst bedeutsam sind.
Nachdem man diese Frage für sich beantwortet hat, ist es wichtig herauszufinden, welche Konsequenzen man sich von dem Training oder von dem Wettkampf erwartet, um einen Plan für eine mögliche Gesamtleistung aufstellen zu können. Dieser Plan ist dann zur gegebenen Ist-Situation in Beziehung zu setzen, d. h. man muß die Ist-Soll-Diskrepanz feststellen, indem man sich z. B. die Frage stellt: »Wo stehe ich und wo will ich hin?«
Danach kann man sich daran begeben, das Umfeld so zu gestalten bzw. gestalten zu lassen, daß man sich auf der Basis der angestellten Überlegungen auf die eigene Person und die gestellte Aufgabe konzentrieren kann.
Dieser Prozeß sollte von Trainern, Verantwortlichen und Athleten immer wieder durchlaufen werden, denn es ist nicht ausreichend, ihn einmal zu klären und dann für immer als gegeben hinzunehmen. Für eine optimale Gestaltung von Training und Wettkampf ist es vielmehr wichtig, sich ständig um die Bewältigung von eventuell auftretenden Störungen zu bemühen.
Es stellt sich nun die Frage, worauf man sich, sei es im Training oder im Wettkampf, konzentrieren soll, wenn

man zu einer guten Leistung kommen möchte. Oftmals bekommen Sportler in schwierigen Situationen noch während eines Wettkampfes von ihren Trainern und Betreuern viele Ratschläge, worauf sie sich jetzt **nicht** konzentrieren sollen und worauf ihre Aufmerksamkeit zu richten sei. Es ist eine extrem schwierige Anforderung, sich auf A konzentrieren zu wollen und dabei nicht zu denken, daß man sich nicht auf B konzentrieren soll. Die Gedanken irren unweigerlich zu B ab.

Ein scheinbar banaler, aber dennoch außerordentlich wirksamer Ratschlag ist:

Konzentriere dich auf das, was du **jetzt im Moment** tust. Dabei ist es notwendig, sich zunächst in vielen Trainingssitzungen Klarheit darüber zu verschaffen, daß das Wichtigste in jedem Training und jedem Wettkampf der Bewegungsablauf ist, den man jetzt im Moment ausführt. Also muß man lernen, sich in diesen Bewegungsablauf hineinzufinden (im Kap. Vorstellungsregulation ist dazu ein 4-Stufen-Plan vorgestellt).

Die Konzentration darauf, daß der durchgeführte Bewegungsablauf hundertprozentig klappen muß, weil es die Wettkampfsituation erfordert, ist störend. Entscheidend ist, daß man sich in seinen Bewegungsablauf hineinfindet und sich in vielen Stunden vorher die Einsicht verschafft, daß kein Mensch hundertprozentig wirkungsvoll handeln kann, daß also immer, auch wenn man sich noch so sehr anstrengt, eine Fehlerquote in jede Handlung eingeht. Es ist unnütz und wenig hilfreich, sich in einer entscheidenden Situation über diese Fehlerquote Gedanken zu machen.

Der wichtigste Fortschritt besteht darin, daß man sich in aller Gelassenheit auf die eigene Bewegung konzentriert und sich das Ergebnis dieser eigenen Bewegung zunächst nicht vergegenwärtigt, denn es ist erst die Konsequenz der perfekt ausgeführten Bewegung, die den sportlichen Erfolg bringt.

Konzentrieren Sie sich auf Ihren eigenen momentanen Bewegungsablauf, aber bleiben Sie dabei gelassen und unverkrampft.

Aus der Praxis

Die Hürdenläuferin

Eine Hürdenläuferin und ihr Trainer berichteten mir, daß sie gerade ein schweres Rennen hinter sich hatte. Auf mein Nachfrage, was denn ein schweres Ren-

Sydne

nen sei, brachte sie zum Ausdruck, daß es durch die Klasse der Konkurrentinnen definiert sei. Dies verblüffte mich, denn die Konkurrentinnen beeinflussen ja nichts von dem, was die Hürdenläuferin tut, es sei denn, sie lösen störende Gedanken aus. Diese Position wurde noch dadurch verschärft, daß gesagt wurde, leichtere Rennen seien solche, bei denen »niemand da« sei, bei denen also nur sehr leichte Gegnerinnen antreten, die ohne weiteres zu besiegen sind.
Es ist einsichtig, daß das erste Ziel einer Hürdenläuferin darin bestehen muß, sich auf **ihre** Aktionen zu konzentrieren, auf den Start, die erste Hürde, auf das Laufen zwischen den Hürden und schließlich auf den Zieldurchlauf. Soweit konnten der Trainer und die Athletin überzeugt werden. Die Frage war nur, wie man diese Konzentration erreichen könne.
In langen Gesprächen versuchte ich dann, die »Bilderwelt«, also die Vorstellungen dieser Athletin, ken-

nenzulernen. Ich war auf der Suche nach einem von ihr akzeptierten Bild, das ihr helfen konnte, ihre Konzentration zu verbessern. Wir fanden gemeinsam das Bild der Röhre. Die Athletin konnte durchaus etwas damit anfangen, ihren Lauf in einer imaginären Röhre durchzuführen, in die sie schon beim Aufwärmen hineinging. Sie schottete sich auf diese Weise bereits früzeitig gegen Konkurrenz, Bekannte, Freunde, Presse und andere externe »Störgrößen« ab, »legte« diese Röhre dann auch auf ihre Bahn im Hürdenrennen, nahm schließlich keine Kenntnis mehr von ihrer Konkurrenz und konnte damit eine ganz wesentliche Konzentrationssteigerung erzielen, die sich auch in ihrer Leistung niederschlug.

Die Ruderin
Eine international erfolgreiche Ruderin, mit der ich gearbeitet habe, berichtete, daß sie in einem schwe-

Beim Rudersport ist die Konzentration auf die technischen Elemente der Ruderbewegung eine wichtige Voraussetzung für den Erfolg

REUTERS
NORTEL

NORTEL
NETWORKS
COMPAQ
BR
NORTEL
NETWORKS

ren Rennen ihre eigentliche Leistungsmöglichkeiten nie entfalten könne, daß sie sehr schnell »schwere Beine« bekomme und auch technisch ihr Niveau nicht halten könne, wenn sie durch ihre Gegnerinnen unter Druck gebracht werde.
Unsere Gespräche brachten zutage, daß sie, wenn es »lief«, also alles nach Plan ging, nie über die Erfüllung oder Nicht-Erfüllung der in sie gesetzten Erwartungen nachdachte. Dieses Nachdenken setzte aber sofort dann ein, wenn sie unter Druck geriet, ihr Leistungsniveau während des Rennens nachließ oder es ihr nicht mehr leicht fiel, dieses Leistungsniveau zu halten. In diesen Augenblicken dachte sie sehr intensiv über die in sie gesetzten Erwartungen nach und rechnete gewissermaßen hoch, was passieren würde, wenn sie diese Erwartungen nicht erfüllen könnten. Die Konzentration verlagerte sich also weg vom Rudern hin zu den Erwartungen. Die Sportlerin erlebte in diesen Augenblicken einen erheblichen Erwartungsdruck, unter dem sie förmlich zusammenbrach.
Die Einsicht, die ich der Ruderin vermittelte, bestand darin, daß Leistungsergebnisse und somit das Erfüllen von Erwartungen immer erst die Konsequenz des perfekten Ruderns sind. Es ist demnach müßig, sich während eines Rennens Gedanken über die Ergebnisse zu machen. Sinnvoll ist es vielmehr, sich in erster Linie auf den technischen Ablauf des Ruderns zu konzentrieren.
Der Satz, den die Ruderin sich vergegenwärtigen sollte, lautete: »Ich bin überzeugt, daß ich die Fähigkeiten habe, die Anforderungen in diesem Rennen zu bewältigen, wenn ich mich jetzt anstrenge!« Unter »jetzt anstrengen« verstanden wir, daß sie sich auf die technischen Elemente der Ruderbewegung konzentrieren und spüren sollte, wie das Boot lief. Welche technischen Elemente das waren, wurde im einzelnen festgelegt (siehe Kap. Vorstellungsregulation).
Diese Strategie klappte sehr gut. Wir konnten die Konzentration auf das Rudern weiter verbessern und die Reflexion über Erwartungen im Rennen weitgehend abbauen. Bei der folgenden Weltmeisterschaft schnitt die Athletin recht gut ab.

Der Autorennfahrer
Während vieler seiner Rennen befaßte sich ein Autorennfahrer im wesentlichen mit »Kopfrechnen«: »Welcher Platz reicht mir?«, »Wie viele Punkte brauche ich, um in der Tabelle meine Position zu halten oder zu verbessern?«, er meinte »Wenn man vorne wegfährt, hat man ja wenig zu tun, weil man nicht unmittelbar gegen einen Gegner kämpft«, »Wenn man vorne fährt, schaut man sehr viel in den Rückspiegel, um zu schauen, was die hinter einem tun».
Auf seine Frage, was er denn tun könne, um die Konzentration zu erhöhen, erläuterte ich ihm, daß derartige Formen der Aufmerksamkeit störend sind, weil sie von dem ablenken, worum es beim Autofahren ausschließlich geht: positive Beschleunigung (Gasgeben), negative Beschleunigung (Bremsen) und Querbeschleunigung (Kurvenfahren). Alle anderen Aufmerksamkeitsinhalte sind so wenig wie möglich bzw. so viel wie nötig zu beachten. Wesentlich ist die Relation zwischen dem Nach-vorne- und dem Nach-hinten-Schauen. Überwiegend hat man sich nach vorne zu orientieren. Die Orientierung nach hinten geschieht ab und zu möglicherweise aus taktischen Gründen. Im wesentlichen allerdings ist die Strecke zu bewältigen, die vor einem liegt.
Diese Einsicht und die daraus resultierenden positiven Konsequenzen einer Aufmerksamkeitserhöhung halfen dem Fahrer das »Kopfrechnen« zugunsten der Konzentration auf die Technik in die Zeit nach dem Rennen zu verlegen.

Die wesentlichen Aufmerksamkeitsinhalte beim Autorennfahren sind die positive Beschleunigung, die negative Beschleunigung und die Querbeschleunigung. Die Konzentration sollte hauptsächlich »nach vorne« gerichtet sein.

Aktivationsregulation

Handeln erfordert ein angemessenes Erregungsniveau. Erlebter Zeitdruck stört allerdings feinmotorische Bewegungen.

Um angemessen handeln zu können, benötigt man ein angemessenes psychisches und physisches Erregungsniveau, d. h., die psychophysische Aktivation soll zu der Tätigkeit »passen«, die man gerade ausführen möchte.

Die Schwankungsbreite der menschlichen Aktivation läßt sich auf einer Skala (LINDSLEY, 1961) mit den Polen »traumloser Tiefschlaf« als niedrigstes und »Panik« als höchstes Erregungsniveau darstellen.

In der Mitte der Skala sind Zustände wie »entspannte Wachheit« oder »wache Aufmerksamkeit« angesiedelt. Die Kunst besteht nun darin, auf dieser Skala zu »wandern«, d. h., sich so zu regulieren, daß das für das jeweilige Handlungsziel angemessene Niveau erreicht wird.

Je enger der Aufmerksamskeits- und Wahrnehmungsspielraum ist, desto höher ist das Aktivationsniveau.

Ein Mensch, der sich in Panik befindet, sieht nur noch einen kleinen Ausschnitt seiner Wirklichkeit, während einem Menschen, der träumt, eigentlich alle Möglichkeiten der Wahrnehmung geöffnet sind.

Wir alle kennen Alltagssituationen, in denen ein unangemessens Aktivationsniveau dazu führt, daß Handlungen nicht effektiv ausgeführt werden können. Eine typische Situation ist z. B. das Binden einer Krawatte oder eines Schnürsenkels unter Zeitdruck. Wenn man Zeitdruck erlebt, ist man in aller Regel aktivierter (aufgeregter), was die feinmotorische Bewegung stören kann. Andererseits ist man manchmal für eine sehr schwere Arbeit (z. B. etwas Schweres tragen oder schieben) nicht hinreichend aktiviert: Man ist zu ruhig, zu schlaff, zu entspannt und kann deshalb die Leistung nicht erbringen.

Bereits Anfang dieses Jahrhunderts wurde dieser Zu-

sammenhang zwischen Aktivation und Leistung wissenschaftlich überprüft. Auf der Basis ihrer Forschungsergebnisse zeigten YERKES und DODSON (1908), daß sich dieser Zusammenhang mit Hilfe einer umgekehrten U-Funktion darstellen läßt. Das YERKES-DODSONsche Gesetz besagt, daß es für die Bewältigung jeder Anforderung ein optimales Aktivationsniveau gibt. Je nach Schwierigkeitsgrad der gestellten Aufgabe kommt es mit Zunahme der Aktivierung bis zu einem gewissen Punkt – dem Aktivationsoptimum – zu einer Leistungssteigerung. Übersteigt die Aktivierung dieses personen- und sportartspezifische optimale Niveau, kommt es zu einem Leistungsabfall. Bei feinmotorischen Bewegungen, die geringere Kraftleistung erfordern (wie z. B. das Anstoßen einer Billiardkugel), ist das Aktivationsoptimum niedriger als bei Bewegungen, die einen hohen Kraft- bzw. Schnellkraftanteil haben (z. B. Gewichtheben oder Werfen).
Zur Optimierung der jeweiligen Handlungsvoraussetzungen ist es also notwendig, den für die gestellte Anforderung angemessenen Aktivationsgrad einzuregeln.

Die Aktivationsregulation hat zwei Zielrichtungen:
1. Relaxation: Dieses Ziel wird dann angestrebt, wenn man zur Durchführung der gewünschten Handlung zu »aufgeregt« ist; man muß dann das Aktivationsniveau absenken.

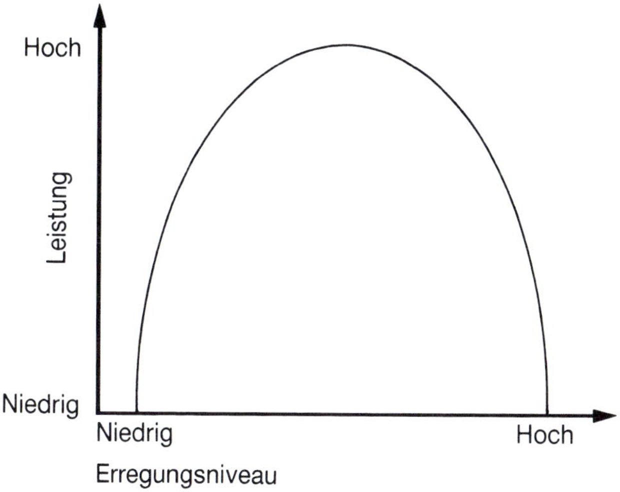

Das YERKES-DODSONsche Gesetz erklärt den Zusammenhang zwischen Aktivationsniveau und entsprechender Leistung.

2. Mobilisation: Dieses Ziel ist dann vordringlich, wenn man zur Ausführung einer Handlung zu ruhig ist und seine Aktiviertheit steigern muß.
Ein Beispiel, das jeder kennt, ist das morgendliche Aufstehen unter ungünstigen Bedingungen: Man hat große Mühe, sich für den Tag zu mobilisieren.

Im Sport ist es natürlich außerordentlich wichtig, sein Aktivationsniveau so regulieren zu können, daß man in einen für das sportliche Handeln optimalen Zustand kommt. Der sowjetische Sportpsychologe PUNI bezeichnet diesen Zustand als »Kampfbereitschaft«. Er grenzt ihn gegen »Startfieber« und »Startapathie« ab. Rechts sind diese Begriffe im Überblick zusammengestellt.
Der Erwerb der Fertigkeit, seinen Vorstartzustand so zu regulieren, daß man sich als erfolgszuversichtlich, aktiviert und konzentriert erlebt, sich also im Zustand der »Kampfbereitschaft« befindet, setzt ein systematisches Training voraus. Man kann diese Fertigkeit ebenso wie motorische Fertigkeiten durch regelmäßiges Üben und kontrollierte Anwendung lernen, indem man Relaxations-(Entspannungs-) oder Mobilisationstechniken einsetzt.

Relaxationstechniken

Das Beherrschen effektiver Entspannungstechniken hilft, psychische Beanspruchungen besser bewältigen zu können.

Es ist eine Vielzahl von Relaxationstechniken entwickelt worden. Sie laufen nach denselben grundlegenden Prinzipien ab (s. S. 66 oben).

Das psychophysische Aktivationsniveau läßt sich über drei Ansatzstellen regulieren: über Veränderungen
- des Verhaltens,
- der Wahrnehmung und
- der Umwelt.

Die Tabelle auf S. 66 zeigt die verschiedenen Möglichkeiten zur Unterstützung der Entspannung. Das entsprechende Vorgehen kann man sich damit individuell problem- und sportartspezifisch zusammenstellen.
Hilfreich, unterstützend und gegebenenfalls notwen-

	Kampfbereitschaft	**Startfieber (übererregt)**	**Startapathie (gehemmt)**
Physische Prozesse	Alle physiologischen Prozesse verlaufen normal	Stark irradiierende Erregung, akute vegetative Umstellungen (erhebliche Pulsbeschleunigung, Schweißausbruch, Harndrang, Gliederzittern in den unteren Extremitäten u. a.)	Träge, völlig gehemmte Bewegungen, Gähnen
Erleben	Leichte Erregung, freudige, etwas ungeduldige Erwartung des Kampfes, optimale Konzentrationsfähigkeit, beherrschtes Auftreten kraftsprühend	Starke Nervosität, unkontrollierte Handlungen, Vergeßlichkeit, Zerstreutheit, unsicheres Auftreten, Hast, grundlose Geschäftigkeit	Schlaff, träge, apathisch, ängstlich, Stimmungstief; wünscht, den Kampf abzumelden, müde, »sauer«, unfähig zum Aufwärmen
Handeln	Kampf wird sehr organisiert, nach dem taktischen Plan aufgenommen, klare Orientierung, die Kampfsituation wird beherrscht, alle verfügbaren Kräfte werden taktisch richtig zum Einsatz gebracht; das erwartete Wettkampfresultat wird erreicht oder noch übertroffen	Tätigkeit des Sportlers ist gestört, teilweise desorganisiert, er kämpft »kopflos«, verläßt seine taktische Linie, verliert das Tempogefühl, verausgabt sich vorzeitig: Bewegungsabläufe sind unbeherrscht, bei hohen bewegungstechnischen Anforderungen Häufung von Fehlern, stark verkrampft	Es wird nicht energisch gekämpft, die Willensaktivität läßt schnell nach; der Sportler ist unfähig, seine vorhandenen Kräfte zu mobilisieren, es »läuft« nicht; nach dem Wettkampf nicht verausgabt, weil alle Handlungen auf einem niedrigen Niveau lagen

Kampfbereitschaft, Startfieber, Startapathie als psychische Prozesse bei Athleten im Vorstartzustand (nach PUNI, 1961; modifiziert nach MATHESIUS, MÜLLER & SCHELLENBERGER, 1974).

dig kann aber dafür hinaus das Erlernen einer der standardisierten, traditionellen Entspannungstechniken sein. Die bekanntesten sind das **Autogene Training** und die **Progressive Muskelentspannung.**

Der Erwerb einer effektiven Entspannungstechnik zur besseren Bewältigung psychischer Beanspruchung ist aus zwei Gründen sinnvoll und sollte daher

Die Tabelle zeigt die Ansatzstellen für die Relaxation

	Relaxation
Verhalten	Langsam oder gar nicht bewegen. Muskeltonus abbauen, z. B. durch Konzentration auf Ausatmung
Umwelt	Reizarme, ruhige Umwelt aufsuchen oder »herstellen« (z. B. ruhige Musik anhören)
Wahrnehmung	Einstellen auf Ruhe, Entspannung, angenehmes Befinden per Selbstgespräch

zum »Reportoire« jedes Athleten (aber auch jedes Trainers) gehören, denn:
1. Das Erleben psychischer Beanspruchung und Entspannung schließen sich weitgehend gegenseitig aus.

Wer entspannt ist, erlebt in der Regel keine psychische Beanspruchung, wer psychische Beanspruchung erlebt, ist in der Regel nicht entspannt. Dies weist auf die regenerierende Wirkung von Entspannung hin, wobei objektive Anforderungen im Entspannungszustand zwar psychisch (subjektiv) nicht mehr (beanspruchend) wirken, aber durchaus erhalten bleiben können. Sie werden durch Entspannung nicht objektiv bewältigt.

Beispiel:
Ein Trainer hat wegen der zu erwartenden Fragen (objektive Anforderung) Angst vor einer Pressekonferenz. Diese Angst läßt sich zwar in Entspannung »vergessen«, die Pressekonferenz aber bleibt, und auf sie muß sich der Trainer vorbereiten. Die effektive Vorbereitung ist aber nur in einem entspannten Zustand möglich.

Deshalb sind Relaxationstechniken Hilfen, die immer im Kontext mit anderen Bewältigungsmaßnahmen einzusetzen sind.

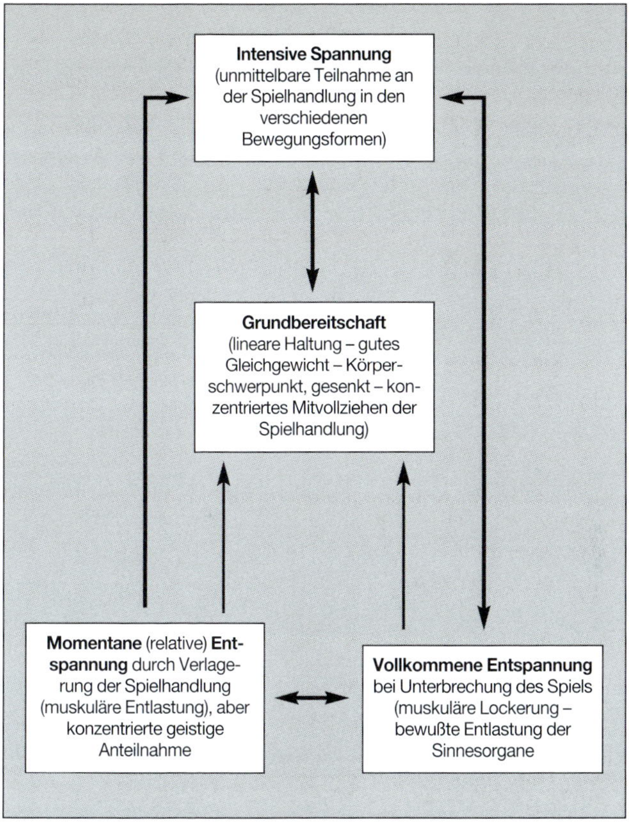

Spannung und Entspannung im Sportspiel (aus: DÖBLER, 1969).

2. Durch den situationsangemessenen Wechsel von Spannung und Entspannung werden Handlungsverläufe ökonomischer.
DÖBLER (1969) beschreibt die Fertigkeit des Wechsels zwischen psychophysischer Spannung und Entspannung als leistungsbestimmendes Merkmal im Sportspiel (s. Abb. oben): »Bei der gegenwärtigen Leistungshöhe in den Sportspielen muß allerdings das Prinzip der Spannung und Entspannung, des rhytmischen Spielverhaltens, den Spielern im Sinne der Leistungssteigerung bewußt gemacht werden. Es darf nicht dem Selbstlauf überlassen bleiben. Viele Sportler wenden das Prinzip unzureichend an, sie weisen eine Dauerspannung auf, wirken in entscheidenden Spielphasen verkrampft.«

Den ständigen Wechsel zwischen Spannung und Entspannung kann man fast gleichbedeutend mit dem Wechsel von Anstrengung und Erholung sehen. Energie wird abgegeben und wieder »aufgeladen«. Dieser Austausch ist eine notwendige Voraussetzung, um nicht zu rasch zu ermüden.
Eine sportliche Alltagsbeobachtung kann dies ohne weiteres belegen:
Vergleicht man routinierte Sportler mit Anfängern, so stehen Anfänger üblicherweise in Beanspruchungssituation unter erhöhter Dauerspannung und ermüden entsprechend rascher, während sich Routinierte im ständigen Wechsel zwischen Spannung und Entspannung immer wieder erholen können, und zwar auch in sehr kurzen Intervallen. Sie sind in der Lage, selbst Spielunterbrechungen zur kurzfristigen Entspannung zu nutzen. Voraussetzung dafür ist allerdings ein ebenso intensives Training der Entspannung wie das des technisch-taktischen Spielrepertoires.

Eine erhöhte Dauerspannung führt zu rascher Ermüdung. Es gibt verschiedene Möglichkeiten der Regulation von Entspannungs- und Mobilisationsprozessen, mit denen sich zu rasches Ermüden vermeiden läßt.

Die Regulation von Entspannungs- und Mobilisationsprozessen kann vom Athleten selbst oder von außen z. B. vom Trainer, gesteuert werden. Die entsprechenden Anleitungen und Hilfeleistungen erfolgen dabei meist verbal, können jedoch durch bildhafte Vorstellungen oder Musik unterstützt werden. Sie lassen sich abstufen in:
- **Informationen**
- **Instruktionen,**
- **Suggestionen.**

• **Informationen** über einen bestimmten Sachverhalt rufen unter Umständen psychische Wirkungen hervor. Vor Prüfungen können zum Beispiel Informationen über die Art und Weise, wie der Prüfer seine Fragen stellt, eine beruhigende Wirkung auf Prüfungskandidaten haben. Diese Informationen erlauben es, unbekannte Situationen besser abzuschätzen. In einer Wettkampfsituation kann diese Aussage eines Trainers: »Dein Gegner hat dich eine Flasche genannt!« psychische Reaktionen eines Athleten (z. B. Steigerung der Aktivierung) auslösen.
• Durch **Instruktionen** wird gezielt und direktiv auf Personen eingewirkt. Die Reihenfolge und Form der einzelnen Anweisungen ist dabei »vorgeschrieben«.

Im Sport gehört es ebenso zur alltäglichen Praxis, Informationen zu geben, um entsprechende Regulationsprozesse zu initiieren, wie auch verschiedene Entspannungs- oder Mobilisationsinstruktionen einzusetzen. Es muß allerdings vor unsystematischer und unkontrollierter Anwendung gewarnt werden: Wenn man sportartspezifische oder individuelle Einflußfaktoren nicht berücksichtigt oder sie vernachlässigt, kann dies dazu führen, daß der Regulationsprozeß nicht optimal abläuft.

• Bei der **Suggestion** wird ein Mensch durch sich selbst **(Autosuggestion)** oder durch andere (**Fremdsuggestion)** unter Herabsetzung seiner rationalen, bewußten Stellungnahme beeinflußt. Die naive Anwendung (d. h. ohne fachliche Anleitung) von Auto- und Fremdsuggestion ist eine der am häufigsten angewandten psychoregulativen Methoden im Sport (z. B. Selbstgespräche oder beruhigende/aktivierende Formulierungen des Trainers).

• Bei der **Hypnose,** einer Methode, die auf der Suggestion aufbaut, wird ein Zustand bis zur völligen Fremdbestimmung, d. h. bis zum Bewußtseinsverlust, herbeigeführt.

Suggestive Verfahren sind im Sport nicht immer unproblematisch: In Hypnose wird eine zunehmede Ausschaltung des bewußten Mitvollzugs der betroffenen Personen angestrebt, d. h. es soll eine Bewußtseinsveränderung/ein Bewußtseinsverlust bewirkt werden.

Die Stellungnahme der Fachleute zum Problem der Hypnose im Sport ist eindeutig: Sie wird als Doping-Maßnahme eingestuft und kategorisch abgelehnt. Dennoch gibt es Autoren, die anscheinend ohne Bedenken hypnotische Verfahren im Sport als sinnvoll und vertretbar einstufen.

Manche Methoden, wie zum Beispiel die Hypnose, sind nicht ungefährlich.

Im Sport haben sich Versionen des **Autogenen Trainings** und der **Progressiven Muskelenspannung** als Entspannungsstrategien bewährt. Sie sollen daher im folgenden näher erläuter werden.

Autogenes Training

Das Autogene Training ist die bekannteste und am weitesten verbreitete Technik der Aktivationsregulation.

Es wurde in den zwanziger und dreißiger Jahren unse-

res Jahrhunderts von dem Berliner Nervenarzt J. H. SCHULTZ entwickelt.
Das Autogene Training ist eine Form der Selbstsuggestion. SCHULTZ unterscheidet dabei **Grundstufe und Oberstufe,** wobei letztere eine vollständige Beherrschung der Unterstufe voraussetzt. Wir beschränken uns hier auf Ausführungen zur Unterstufe, da in ihr noch nicht der in der Oberstufe angestrebte Effekt der Selbsthypnose eintritt, deren Anwendung sich aus ethischen Gründen im Sport ausschließt.

Übungen des Autogenen Trainings

Die Umschaltung des Organismus in einen konzentrativen Entspannungszustand kann erlernt werden.

Durch sechs Übungen (siehe rechte Seite) wird in der Unterstufe ein Ruhezustand in Entspannung hervorgerufen:
- **Schwereübung**
- **Wärmeübung**
- **Herzübung**
- **Atemübung**
- **Leibübung** (Sonnengeflechtsübung) und
- **Kopfübung.**

Diese Übungen sollen die **»Umschaltung«** des Organismus in einen konzentrativen Entspannungszustand ermöglichen. Der typische Übungsverlauf beginnt nach SCHULTZ in der sogenannten Droschkenkutscherstellung, im Liegen oder in passiver, entspannter Sitzhaltung (vgl. Ab. 9–12) bei geschlossenen Augen mit der **Ruhetönung** (Formel: »Ich bin vollkommen ruhig«).
Die Formeln der sechs folgenden Übungen sollen in der Unterstufe jeweils fünf- bis sechsmal wiederholt werden; zwischen den Übungen stellt man immer wieder die Ruhetönung ein, indem man sich die entsprechende Übungsformel vergegenwärtigt. Dann geht man zur nächsten Übung über. Die Formeln und Wirkungen der sechs Übungen sowie der Ruhestörung in der Unterstufe sind in Abbildung 9 zusammengefaßt. SCHULTZ beschreibt das zu erreichende Fertigkeitsniveau im Autogenen Training folgendermaßen:
»Die Übungsformeln sollen so anschaulich, zum Beispiel optisch oder rhytmisierend-automatisierend in innerem Sprechen vergegenwärtigt werden, daß die bei

Übungsart	Übungsformel	Wirkung	Begleiterscheinung
* Ruhetönung	»Ich bin vollkommen ruhig«	Allgemeine Beruhigung von Körper und Psyche	–
1. Schwereübung	»Der rechte (linke) Arm ist ganz schwer«	Muskelentspannung, allgemeine Beruhigung	Autogene Entladung aller Art sind möglich. Nachwirkungen durch falsches Zurücknehmen
2. Wärmeübung	»Der rechte (linke) Arm ist ganz warm«	Entspannung der Blutgefäße, Beruhigung	Autogene Entladung
3. Herzübung	»Herz schlägt ganz ruhig und gleichmäßig«	Normalisierung der Herzarbeit, Beruhigung	Autogene Entladungen; durch Erwartungseinstellung, durch »Organerinnerung« können Organsymptome ausgelöst werden
4. Atemübung	»Atmung ganz ruhig (und gleichmäßig)«	Harmonisierung und Passivierung der Atmung, Beruhigung	(wie oben)
5. Leib- (Sonnengeflechts) -übung	»Sonnengeflecht (Leib) strömend warm«	Entspannung und Harmonisierung aller Bauchorgane, Beruhigung	(wie oben)
6. Kopfübung	»Stirn angenehm kühl«	Kühler, klarer Kopf, Entspannung der Blutgefäße im Kopfgebiet, Beruhigung	Autogene Entladung; gelegentlich Kopfschmerzen und Schwindel

* Die Ruhetönung kann nur bei gegebener Indikation als selbständige Übung angesehen werden; im allgemeinen gilt sie als »richtungweisendes Einschiebsel« im Sinne von Schultz

Übersicht: Autogenes Training, Unterstufe. Aus: LINDEMANN, H. Überleben im Stress. Autogenes Training, 1975

jedem Übenden ›daneben‹, ›dazwischen‹ auftretenden Einfälle etc. gelassen ignoriert werden können, so daß sie ›vorüberziehen‹.«

Mögliche Entspannungspositionen: Auf dem Boden sitzend und an eine Wand gelehnt.

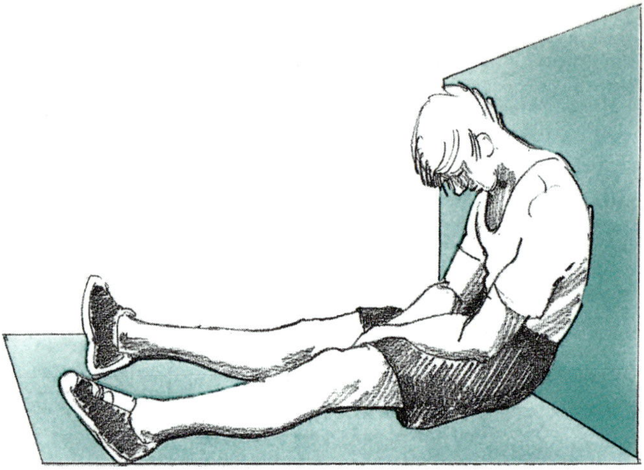

Auf einem Stuhl ohne Lehne sitzend, die Arme und Schultern locker nach vorne hängen lassen.

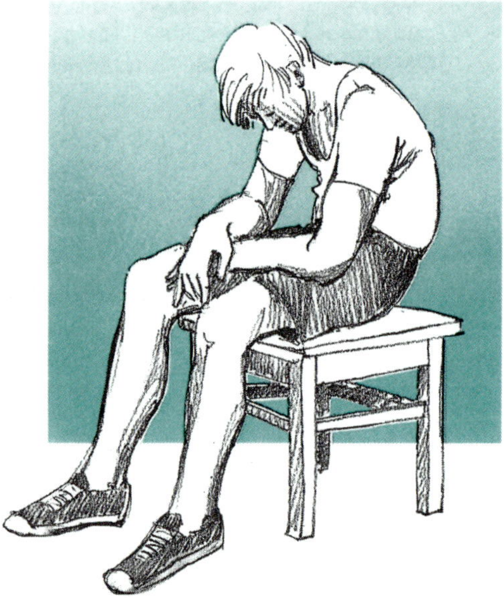

Entspanntes und ausgestrecktes Liegen auf dem Boden.

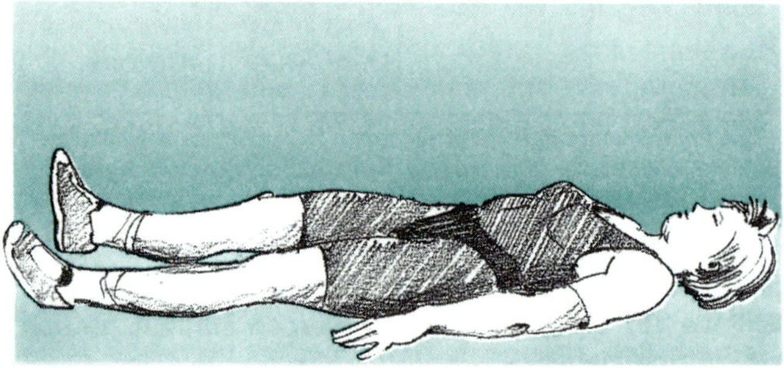

Eine mögliche Kritik am Autogenen Training setzt am außerordentlich aufwendigen Lernprozeß an, der allein für die Unterstufe nach SCHULTZ zehn bis zwölf Wochen bei täglich zwei- bis dreimaligem Training unter Anleitung eines Experten umfaßt! Der praxisorientierte Trainer bzw. Athlet kann unter Umständen vorzeitig die Geduld verlieren. Auch merken Sportwissenschaftler kritisch an, daß das Autogene Training ausschließlich eine Entspannungstechnik sei, die sich bei der Wettkampfvorbereitung nicht zweckentsprechend anwenden lasse, weil sie keine aktivierende Komponente aufweise.
Dennoch kann das Autogene Training eine effektive Unterstützung sein, vorausgesetzt, Athleten bzw. Trainer haben ausreichend Zeit in das gesamte Trainingsprogramm investiert und sind dadurch in der Lage, es adäquat – als Methode zum Erlernen/Erreichen eines Entspannungszustandes – einzusetzen.

Progressive Muskelentspannung

Angst kann durch das Beheben der Spannung in verschiedenen Muskelpartien beseitigt werden.

Die Progressive Muskelentspannung wirkt über die **Wahrnehmung der Muskelentspannung** bzw. des **Muskeltonus'** auf die Befindlichkeit ein. Die Methode wurde von JACOBSON (1934) zum Abbau von Angst und Spannungen entwickelt. »JACOBSON begann 1908 sein Werk an der Harvard-Universität. Seine frühen Untersuchungen führten ihn zu der Schlußfolgerung, daß bei Spannungsgefühl eine Muskelkontraktion beteiligt ist, daß diese Spannung auftrat, wenn jemand ›Angst‹ berichtete, und daß diese Angst durch die Behebung der Spannung beseitigt werden konnte. Die muskuläre Ent-Spannung, d. h. keinerlei Muskelkontraktionen mehr, wurde als der direkte physiologische Gegensatz zur Spannung erkannt und war daher die logische Behandlung für alle vorwiegend gespannten und ängstlichen Menschen. Er entdeckte, daß durch systematische Anspannung und Entspannung verschiedener Muskelgruppen und durch den Lernvorgang, sich auf die daraus resultierenden Gefühle der Spannung und Entspannung zu konzentrieren und sie zu unterscheiden, jemand fast völlig alle Muskelkontraktionen beseitigen und das Gefühl tiefer Entspannung (und damit der

Nastro Azzurro
MICHELIN
HONDA
SAK
brembo
NGK
BIOFOX
Beta
RK
AFAM

agv
agv
domino
PlayStation
46
HONDA

Angstfreiheit; der Verf.) erleben kann (BERNSTEIN & BORKOVEC, 1975).

Die Muskelgruppen, die angespannt und dann entspannt werden

Das Training der Progressiven Muskelentspannung beginnt mit dem sogenannten **Grundverfahren.** Nach BERNSTEIN und BORKOVEC werden insgesamt 16 Muskelgruppen in vorgegebener Reihenfolge zunächst angespannt und anschließend wieder entspannt:

1. Muskelgruppe: Dominante Hand und Unterarm
2. Muskelgruppe: Dominanter Oberarm
3. Muskelgruppe: Nichtdominante Hand und Unterarm
4. Muskelgruppe: Nichtdominanter Oberarm
5. Muskelgruppe: Stirn
6. Muskelgruppe: Obere Wangenpartie und Nase
7. Muskelgruppe: Untere Wangenpartie und Kiefer
8. Muskelgruppe: Nacken und Hals
9. Muskelgruppe: Brust, Schultern und obere Rückenpartie
10. Muskelgruppe: Bauchmuskulatur
11. Muskelgruppe: Dominanter Oberschenkel
12. Muskelgruppe: Dominanter Unterschenkel
13. Muskelgruppe: Dominanter Fuß
14. Muskelgruppe: Nichtdominanter Oberschenkel
15. Muskelgruppe: Nichtdominanter Unterschenkel
16. Muskelgruppe: Nichtdominanter Fuß

Bei der progressiven Muskelentspannung müssen nebenstehende Schritte nacheinander durchgeführt werden.

Folgende Abläufe müssen bei jeder Muskelgruppe hintereinandergereiht werden:

1. **Konzentration** auf die jeweilige Muskelgruppe
2. **Anspannen** der Muskelgruppe
3. **Spannung** 5–7 Sekunden aufrechthalten
4. Spannung in der betreffenden Muskelgruppe **lösen**
5. Während des Lösens auf die Muskelgruppe **konzentrieren**

Wenn man das Grundverfahren beherrscht, kann zum Beispiel durch Verringerung der angesprochenen Muskelgruppen der Aufwand an Zeit und Anstrengung stark reduziert werden. Mit zunehmender Routine kommt man schließlich mit wenigen Augen-

blicken aus, man kann das Entspannungserleben dann quasi »abrufen«.
Statt der 16 Muskelgruppen ist es auch möglich, auf eine **Kurzform mit fünf Muskelgruppen** zurückzugreifen.

Die dem Verfasser vorliegenden Erfahrungen mit der Progressiven Muskelentspannung im Sport sind sehr positiv. Zeitlicher Aufwand und Wirkung stehen in einem außerordentlich günstigen Verhältnis. Drei bis sechs Sitzungen zu je 15 Minuten reichen erfahrungsgemäß aus, um Athleten und Trainern erste wirksame Entspannungsübungen beizubringen. Es hat sich als besonders effektiv erwiesen, nach einigen Sitzungen den Schwierigkeitsgrad der Übung insofern zu erhöhen, als die Entspannungsübungen nicht mehr in einer vollständigen Ruhesituation, sondern beispielsweise in der Umkleidekabine vorzunehmen sind. Die Teilnehmer lernen auf diese Weise, Störungen durch Geräuschkulissen o. ä. zu ignorieren.
Jeder Sportler und Trainer sollte die Fertigkeit besitzen, sich – falls nötig – für sein Handeln angemessen entspannen zu können.

Nicht nur Sportler, sondern auch Trainer müssen in der Lage sein, sich angemessen zu entspannen.

Daß dies gerade auch für Trainer gilt, kann durch das folgende Beispiel verdeutlicht werden:
Man kann immer wieder beobachten, daß Trainer nicht in der Lage sind, sich auf ihrer Bank (etwa im Bereich der Spielsportarten) angemessen zu verhalten, weil sie zu stark aktiviert sind. Es gibt Trainer, die sich beinahe mehr und intensiver als die Spieler ihrer Mannschaft bewegen. Derart **überaktivierte Trainer** können weder den Spielverlauf mit der notwendigen analytischen Distanz verfolgen, noch angemessene Entscheidungen treffen. Trainer sollten daher auf ihrer Bank sitzen bleiben und versuchen, sich weitgehend zu entspannen. Denn nur im Zustand der relativen Entspannung sind sie in der Lage, die Vielfalt und die Spezifik der ablaufenden Prozesse in der notwendigen Schärfe zu analysieren und danach entsprechende Entscheidungen zu treffen.
Es kommt außerdem immer wieder vor, daß Trainer oder auch Sportler, die nach dem Wettkampf vom Platz gehen, im Zustand hoher Erregung Aussagen machen, die sie nachher mühsam wieder revidieren und dementieren

müssen. Deshalb ist es wichtig, sich auch hier zu entspannen, um den für ein abgewogenes Statement notwendigen Entspannungszustand einzuregeln.

Mobilisationstechniken

Im Gegensatz zum Bereich der Relaxation gibt es kaum nennenswerte standardisierte Mobilisationstechniken. Man kann sich jedoch selbst eine Mobilisationstechnik erarbeiten, wenn man sein Verhalten, seine Wahrnehmung und/oder seine Umwelt entsprechend gestaltet. Die Prinzipien sind in Abbildung 13 zusammengefaßt.

Standardisierte Mobilisationstechniken gibt es nicht, aber Ansatzstellen für die Mobilisation sind in dieser Tabelle aufgeführt

	Mobilisation
Verhalten	Schnell und schwunghaft bewegen. Muskelspannung aufbauen, z. B. durch isometrische Muskelspannung. Konzentration auf Einatmung
Umwelt	Reizreiche, anregende Umwelt aufsuchen oder »herstellen« (z. B. »fetzige« Musik anhören)
Wahrnehmung	Einstellen auf Herausforderung, Druck, »Power« per Selbstgespräch

Aus der Praxis

Der Motorradrennfahrer
Sportart- und problemspezifisch haben ein Motorradrennfahrer und ich eine Relaxationstechnik über die Veränderung des Verhaltens erarbeitet.
Bei einem Motorradrennen über 40 Minuten könnte man nicht durchhalten, wenn man sich während dieser Zeit auch körperlich, d. h. muskulär, voll anspannen würde. Es geht also darum, Spannung und Entspannung ökonomisch aufeinander abzustimmen. Im

wesentlichen bedeutet dies, das Motorrad »loszulassen« und sich auf die notwendigen Kraftimpulse zu konzentrieren.
In dem hier dargestellten Fall war dieses »Loslassen« Gegenstand des psychologischen Trainings. Hierzu haben wir auf allen Rennstrecken, die gefahren wurden, die Passagen, auf denen sich der Rennfahrer sozusagen entspannen und »loslassen« konnte, in einen Streckenplan eingezeichnet. Das Loslassen wurde durch entsprechende Vorübungen über die Entspannung des Gesichts, der Schultern und der Arme induziert. Diese Entspannungspassagen wurden jeweils durch einen Signalpunkt beendet, an dem eine Aktion, wie z. B. Bremsen oder Einfahren in eine Kurve, einzuleiten war.

Vorstellungsregulation

Die Prozesse der Vorstellungsregulation sind für das Handeln von grundlegender Bedeutung. Angemessene Vorstellungen können die Handlungsausführung merklich verbessern.

Vorstellungen beeinflussen bewußt oder unbewußt unser Handeln. Vorstellungen können bildhaft, verbal (vgl. Selbstgespräche), akustisch oder kinästhetisch (auf die Bewegungsempfindung bezogen) sein, d. h. man kann sich bestimmte Situationen mit den dazugehörigen Geräuschen, Empfindungen und Farben lebhaft vergegenwärtigen. Andererseits können Wörter, Sätze, Bilder, Geräusche, Gerüche etc. so eng mit Situationen oder Erlebnissen verknüpft sein, daß sie bestimmte Vorstellungen auslösen.

Solche Prozesse der Vorstellungsregulation sind von grundlegender Bedeutung für das Handeln. Man lernt zum Beispiel im Laufe des Lebens durch Vorstellungen, welche Objekte, Personen und Bedingungen zu bestimmten Situationen gehören, ob Beziehungen zwischen ihnen bestehen und wie man sich zu verhalten hat.

Vorstellungen sind eine Grundlage der menschlichen Informationsverarbeitung und erleichtern, sofern sie der Realität angemessen sind, das situations- und anforderungsgerechte Handeln.

Vorstellungen können dazu eingesetzt werden, Gedanken und Wissen so zu ordnen, daß man bei Bedarf schnell und ohne großen Aufwand darauf zurückgreifen kann.

So zum Beispiel in folgender Situation:

Einem Bundesliga-Trainer wird mitgeteilt, er solle sich wegen der Trainingslager-Planung für die Winterpause so schnell wie möglich zum Vereinsmanager begeben, da das entsprechende Hotel gebucht werden müsse. Der Trainer weiß genau, daß der Manager derartige Angelegenheiten immer umgehend klären muß, damit nicht ein

anderer Verein zuvorkommt. Auf dem Weg in das Büro ist der Trainer daher in Gedanken wahrscheinlich schon bei dem Gespräch, das dort stattfinden wird. Möglicherweise überlegt er, daß der Manager aus Kostengründen versuchen wird, einen preiswerteren, aber ungünstigeren Trainingsort vorzuschlagen. Er denkt darüber nach, mit welchen Argumenten er seinen Vorschlag begründen könnte, falls der Manager Einwände haben sollte. Er stellt sich also das Gespräch in Gedanken vor.
Dieses Beispiel soll verdeutlichen, daß Vorstellungen, wenn sie der Situation und/oder Anforderung angemessen sind, das Entwerfen eines Handlungsplans und damit die Handlungsausführung strukturieren und so gegebenenfalls verbessern können. Je präziser dabei im Vorstellungsprozeß die notwendigen Handlungsschritte »herausgearbeitet« werden, desto wirksamer läßt sich der entworfene Plan in die Tat umsetzen.

Mentales Training

Im Sport macht man sich die Erkenntnisse über die Vorstellungsregulation seit langem systematisch zunutze: Man setzt Vorstellungen bewußt regelmäßig, gezielt und kontrolliert ein, indem man Bewegungsabläufe in Gedanken, also mental, trainiert bzw. trainieren läßt. Beim **Mentalen Training** werden die Trainierenden aufgefordert, sich den betreffenden Bewegungsablauf intensiv vorzustellen, ohne die entsprechende Bewegung wirklich auszuführen. Über die angestrebte Verbesserung der Vorstellung wird auch der später tatsächlich ausgeführte Bewegungsablauf verbessert.

Beim Mentalen Training soll sich der Sportler den Bewegungsablauf intensiv vorstellen, ohne ihn dabei auszuführen.

Mentales Training ist das planmäßig wiederholte, bewußte Sich-Vorstellen einer sportlichen Handlung ohne deren gleichzeitige praktische Ausführung (mod. nach VOLPERT, 1977).

Der Sportler sollte sich den Bewegungsablauf vorsagen, ihn sich als Beobachter vorstellen und sich die Innenperspektive der Bewegung vergegenwärtigen.

Drei Möglichkeiten des Mentalen Trainings

Prinzipiell gibt es drei Möglichkeiten, mental zu trainieren.

MENTALES TRAINING

Subvokales Training | Ideomotorisches Training | Verdecktes Wahrnehmungs-Training

1. Subvokales Training:
Diese Trainingsform besteht darin, sich den zu trainierenden Bewegungsablauf per Selbstgespräch vorzusagen.

2. Verdecktes Wahrnehmungstraining:
Beim verdeckten Wahrnehmungstraining betrachtet man vor seinem »geistigen Auge« einen Film über einen Bewegungsablauf, den man selbst ausführt. Stark vereinfacht könnte man sagen, daß man sich ein Videoband über die eigene Bewegung vorstellt. Man nimmt also hier die Beobachterrolle ein, d. h. man sieht sich selbst aus der Außenperspektive.

3. Ideomotorisches Training:
Im Gegensatz zum verdeckten Wahrnehmungstraining vergegenwärtigt man sich beim ideomotorischen Training intensiv die Innenperspektive einer Bewegung: Man versucht, sich selbst in die Bewegung hineinzuversetzen und die inneren Prozesse, die bei der Ausführung dieser Bewegung ablaufen, nachzuempfinden (z. B. das Spüren des Drucks im Sprungbein beim Absprung; das Fühlen der Kugel beim Kugelstoßen).

Vor allem für Athleten, die zu Beginn des Trainings Schwierigkeiten haben, sich gewissermaßen in die Innenperspektive zu begeben, oder für Athleten, die mit dem Mentalen Training noch wenig Erfahrung haben, kann es zunächst eine Hilfe sein, über das subvokale Training »einzusteigen« und dann das verdeckte Wahrnehmungstraining zu praktizieren. Letztendlich muß jedoch die ideomotorische Perspektive angestrebt werden.

Das Ziel des Mentalen Trainings besteht darin, sich in einen psychischen Zustand zu versetzen, der es ermöglicht, unter allen denkbaren Bedingungen die eigenen realistischen Leistungsmöglichkeiten zu entfalten.
Diese sind durch eine Vielzahl von (körperlichen, technischen, materiellen oder sozialen) Bedingungen begrenzt; es geht also nicht darum, plötzlich sportliche oder berufliche Leistungen zu verwirklichen, die außerhalb jeder realistischen Möglichkeit liegen.
Um es an einem Beispiel zu verdeutlichen: Das Mentale Training wird eine Hochspringerin, die realistischerweise 1,80 m zu springen in der Lage ist, nicht dazu bringen, plötzlich 1,95 m zu springen. Allerdings wird die Wahrscheinlichkeit erhöht, sofern das Mentale Training sachgerecht eingeübt und angewandt wird, daß sie diese 1,80 m dann zu springen in der Lage ist, wenn es darauf ankommt. Außerdem verbessert sie ihre Voraussetzungen für eine Leistungssteigerung.

Das Mentale Training dient dazu, die realistischen Leistungsmöglichkeiten zu entfalten.

Damit sind jedoch die Einsatzmöglichkeiten des Mentalen Trainings keineswegs erschöpft. Es eignet sich ebenso
- zur Beschleunigung und Intensivierung des Lernerfolges in der Phase des **Neuerwerbs** oder des **Umlernens** einer sportlichen Handlung,
- als Trainingsform während und zur Erleichterung des **Wiedereinstiegs** in den Wettkampfalltag nach verletzungsbedingten Pausen,
- als **ergänzendes Üben/Trainieren** bei umfangreichem oder stark belastendem Training,
- gegebenenfalls als **Hilfe zum Angstabbau** nach traumatischen Erlebnissen (Unfälle und Beinahe-Unfälle) im Sport (Hermann & Eberspächer 1994).
- **Überbrückung** von trainingsfreien Zeiten.

Voraussetzungen für Mentales Trainieren

Voraussetzungen für mentales Trainieren:
Entspannungszustand
Eigenerfahrung
Eigenperspektive
Lebhaftes Vergegenwärtigen

1. Zu Beginn jeder Mentalen Trainingsübung muß man einen relativen **Entspannungszustand** erreicht haben, denn unter Entspannung hat man einen »freien Kopf« ohne störende Gedanken, die ablenkend wirken könnten. Die Konzentrationsfähigkeit sollte dennoch erhalten bleiben.

2. Man muß mit der trainierten Bewegung **Eigenerfahrung** haben, d. h. man muß sie kennen, denn etwas, was man noch nie durchgeführt hat, kann man auch nicht mental trainieren.

3. Die Bewegungsvorstellung, die als Grundlage des Mentalen Trainings verwendet wird, muß sich an der **Eigenperspektive** orientieren, d. h., sie muß an der Bewegung, die man selbst auszuführen in der Lage ist, ansetzen. Es nützt wenig, wenn man sich als Tennisspieler der Bezirksklasse den Aufschlag von Boris Becker zum Vorbild nimmt und auf der Basis dieser mentalen Vorstellung trainiert, da man aufgrund mangelnder technischer und konditioneller Kraft- und Schnelligkeitsvoraussetzungen diese Vorstellung nicht in die Tat umsetzen könnte. Natürlich ist es trotzdem jedem möglich, sich bestimmte Technikmerkmale von Vorbildern herauszugreifen, sie auf die eigenen Maßstäbe zu transformieren, um dann seine Bewegungsvorstellungen darauf auszurichten.

4. Mentales Training funktioniert nur dann, wenn man in der Lage ist, sich den Bewegungsablauf, den man trainieren will, außerordentlich lebhaft vorzustellen. Um die einzelnen Handlungsschritte möglichst genau in Gedanken durchgehen zu können, sollte man die entsprechenden Farben förmlich sehen, die Düfte riechen, die charakteristischen Geräusche hören und die Teilbewegungen in der Bewegungsvorstellung spüren. Derart **lebhafte Vorstellungen** lösen – wie belegt werden kann – körperliche Reaktionen aus, wie z. B. Herzklopen, verstärkte Schweißabsonderung, Anspannung von Muskeln etc.

Das Mentale Training erzielt seine besten Wirkungen dann, wenn man es im Wechsel mit motorischem Training einsetzt. Dies bedeutet in der Praxis, daß beispielsweise ein Judoka im Randori (Übungskampf) drei Minuten kämpft, in der anschließenden dreiminütigen Pause einige Bewegungsabläufe in Gedanken nachbetrachtet,

danach etwas entspannt und sich anschließend zum **»mentalen Aufwärmen«** für den folgenden dreiminütigen Kampfdurchgang eine oder mehrere Techniken vorstellt, um dann weiterzutrainieren.
Ein verbreitetes Vorurteil ist, daß man das Mentale Training »einfach so« einsetzen könne, sich also hinsetzt, die Augen schließt und dann irgendwie Bewegungen in seinem Kopf ablaufen läßt. Dies ist, wie die Erfahrung zeigt, nicht möglich: Es treten dann nämlich eine Reihe von Störungen auf.
So kann es zum Beispiel dazu kommen, daß
- man mit der Bewegung hängenbleibt, d.h., daß der Bewegungsablauf nicht weitergeht,
- man Bewegungsphasen überspringt,
- sich eine bestimmte Bewegungssequenz ständig wiederholt,
- man sich vorwärts und rückwärts bewegt, z.B. eine Hürde anläuft, über der Hürde stehenbleibt und dann wieder zurückkommt,
- man technische Fehler oder Gegenvorstellungen, z.B. einen Sturz, in den Bewegungsablauf einbaut,
- man die Vorstellung verliert und an etwas anderes denkt.

Derartige Störungen des Mentalen Trainings sind im wesentlichen darauf zurückzuführen, daß es nicht sachgerecht eingeübt wurde bzw. daß Sportler mit übertriebener Ehrgeizhaltung Übungen »erzwingen« wollen.

Die Vorstellung des Bewegungsablaufs sollte mit Hilfe von Selbstgesprächen zusätzlich unterstützt werden.

Viele, die mit dem Mentalen Training beginnen, klagen zunächst über die genannten oder ähnliche Störungen. Sie verlieren bisweilen den Faden oder werden abgelenkt.
In der Praxis hat es sich in diesem Zusammenhang als sehr positiv erwiesen, Bewegungsabläufe zunächst subvokal zu trainieren, d.h. den Ablauf per Selbstgespräch zu erzählen, denn Selbstgespräche können nicht rückwärts laufen oder leicht auf einen anderen als den zu trainierenden Inhalt abgleiten. Man hat daher eine bessere Kontrolle über die »Bewegung«.

Vier Stufen des Mentalen Trainings

1. Stufe:
Der zu trainierende Bewegungsablauf sollte über das Ansprechen möglichst vieler Sinnesmodalitäten ins Gedächtnis gerufen werden. Der Sportler wird hierbei aufgefordert, die so gewonnene Vorstellung nachvollziehbar zu **beschreiben**, d. h. in Worte zu fassen und zu präzisieren, damit der Trainer kontrollieren kann, ob die angezielte Bewegungsvorstellung korrekt ist. Auf diese Weise werden Fehler- und Störquellen frühzeitig aufgedeckt. Das Beschreiben kann entweder mündlich oder schriftlich erfolgen.

2. Stufe:
Man lernt den vom Trainer »abgesegneten« richtigen Bewegungsablauf auswendig und ist dann in der Lage, sich diesen Bewegungsablauf subvokal, also per **Selbstgespräch**, zu vergegenwärtigen; d. h., man stellt sich die einzelnen Phasen und Merkmale des zu trainierenden Bewegungsablaufes vor und spricht sie mit sich selbst durch. Erst wenn diese subvokale Vorstellung problemlos realisiert wird, folgt die dritte Stufe.

3. Stufe:
Sie besteht darin, die einzelnen Elemente des Bewegungsablaufes zu systematisieren und so seine Struktur zu verdeutlichen. Man hebt hierbei die sogenannten

4 Stufen des Mentalen Trainings:

Dauer der Anforderung

Stufe 1:
Handlung laut beschreiben/ aufschreiben

Stufe 2:
Handlung mental/subvokal beschreiben

Stufe 3:
»Knotenpunkte« der Handlung laut/mental beschreiben

Stufe 4:
»Knotenpunkte« der Handlung symbolisch markieren

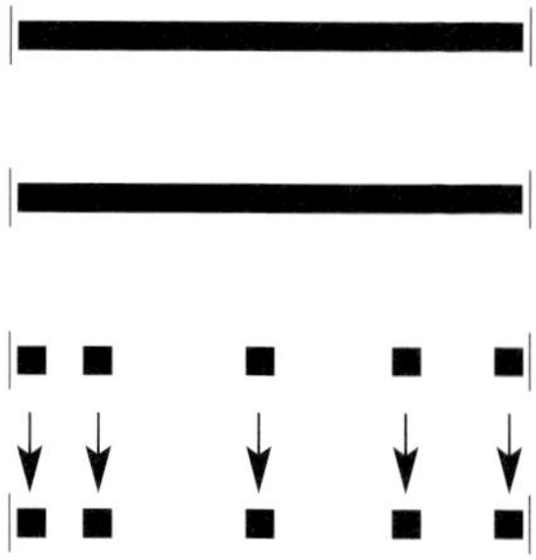

Knotenpunkte der Bewegungen (d. h. die für die Bewegungsausführung entscheidenden Stellen) hervor. Knotenpunkte sind beim Tennisaufschlag beispielsweise das Ballhochwerfen (1. Knotenpunkt), die Bogenspannung (2. Knotenpunkt), die Schlägerrückführung (3. Knotenpunkt), die Streckung (4. Knotenpunkt) und das Abklappen des Schlägers (5. Knotenpunkt). Wird der Ball nicht optimal hochgeworfen, ist es nicht möglich, den Aufschlag richtig auszuführen usw. Wenn der 1. Knotenpunkt also nicht korrekt durchlaufen wird, kann man die folgenden nicht mehr erreichen.
Nach dem sorgfältigen Markieren der Knotenpunkte geht man zur vierten Stufe des Mentalen Trainings über.

4. Stufe:
Die Knotenpunkte müssen nun **symbolisch markiert** werden. Diese Symbole fassen dabei die entsprechenden Handlungsschritte/Knotenpunkte in Kurzformeln zusammen und können damit bei der konkreten Bewegungsausführung schnell und problemlos abgerufen werden.
Ein Diskuswerfer, mit dem der Verfasser gearbeitet hat, hat z. B. seine Knotenpunkte mit folgender Symbolik markiert: Laaang (Eindrehen) – Sta (Landung zur Wurfauslage) – Pap (Abwurf).
Durch die symbolische Markierung der Knotenpunkte kann der Bewegungsrhythmus aufgenommen und betont und damit dessen Ausführung erleichtert werden.
Auf dem Niveau der vierten Stufe kann der Athlet nun jederzeit den Bewegungsablauf abrufen. Der korrekte Aufbau über die vier Stufen ermöglicht es ihm, bei Bedarf eine oder mehrere Stufen zurückzugehen, um z. B. Fehlerkorrekturen vorzunehmen bzw. Anweisungen des Trainers aufzunehmen (siehe Trainingsbegleiter).

Motorradrennfahrer sollten Mentales Training in einer Körperposition durchführen, die der des Motorradfahrens nahekommt.

Aus der Praxis

Der Motorradrennfahrer
Vor einigen Jahren konsultierte mich ein Motorradrennfahrer mit der Aussage, er habe Probleme, sich zu konzentrieren. Auf die Frage, woran er dies merke,

teilte er mit, er sei nicht in der Lage, eine Rennstrecke im Kopf, also mental, störungsfrei zu durchfahren. Er werde immer wieder unterbrochen, verliere den Anschluß oder werde dabei durch andere Gedanken abgelenkt.
Es stellte sich heraus, daß diese Störungen ganz wesentlich darauf zurückzuführen waren, daß der Rennfahrer sein Mentales Training in Rückenlage auf der Couch in völlig entspanntem Zustand durchführte. Nun kann in der Tat kein Mensch in dieser Position Motorrad fahren.
Als ersten Schritt zur Verbesserung des Mentalen Trainings nahmen wir beim mentalen Erarbeiten einer Strecke eine Körperposition ein, die der des Motorradrennfahrers auf dem Motorrad möglichst nahekommt, und zwar auf einem Stuhl. Alle Tätigkeiten, die er während des Fahrens zu verrichten hat, also Kuppeln, Gasgeben, Bremsen, Schalten, können so simuliert werden, einschließlich – andeutungsweise – der Schräglage. Die Streckenverläufe wurden dann in einem zweiten Schritt zunächst subvokal markiert, d. h., der Rennfahrer erzählte sich gewissermaßen die Geschichte, wie er fährt. Dabei simulierte er alle Schalt- und Bremsvorgänge sowie das Gasgeben, ansatzweise auch durch körperliche Aktionen. Der Vorteil der eingenommenen Körperposition und der subvokalen Markierung der Rennstrecke liegt darin, daß man nicht so abgelenkt werden kann, weil man sich ja von der Sprache her gewissermaßen von Kurve zu Kurve arbeitet und über die eingenommene Körperposition konzentriert beim Motorradfahren bleibt.
Das Ziel dieses Trainings bestand darin, daß der Rennfahrer die Strecken, die er zu fahren hatte, zeitgenau, d. h. mental und in Wirklichkeit synchron abzufahren in der Lage war.

Das »Aufschlagproblem« eines Tennisspielers kann durch Mentales Training beseitigt werden.

Der jugendliche Tennisspieler

Ein ambitionierter jugendlicher Tennisspieler – mehrfacher Landesmeister seiner Altersklasse – sah seine sportliche Entwicklung durch die nicht konstante Qualität des Aufschlags beeinträchtigt.
Im Spiel bekam er auch bei deutlicher Führung häu-

Vorstellungs-
regulation

fig Angst, seinen ersten Aufschlag »voll durchzuziehen«. Aus diesem Grund spielte er mehrfach während eines ganzen Satzes keinen »richtigen« ersten Service, sondern begann sofort mit Sicherheitsaufschlägen, die er eigentlich nur als zweiten Aufschlag einsetzen wollte. Teilweise genügte bereits die Erwartung dieser Angst, um den Spieler zu blockieren. Die daraus resultierende Unsicherheit war so groß, daß auch die Qualität des Sicherheitsservice' nachließ, so daß 20 Doppelfehler pro Match für ihn keine Seltenheit mehr waren. Die Gedanken dieses talentierten Spielers kreisten bei jedem eigenen Aufschlagspiel um den Satz: »Jetzt nur keinen Break fangen!« Schwerpunkt unserer Zusammenarbeit war hier das mentale Trainieren des ersten und zweiten Aufschlags, um durch adäquate Bewegungsvorstellungen

1. die praktische Ausführung zu stabilisieren bzw. zu optimieren und dabei
2. auftretende Ängste und negative Selbstgespräche (»der erste Aufschlag wird sowieso nichts«) nicht mehr in Erscheinung treten zu lassen.

Dem Spieler wurden zunächst Grundprinzipien und Vorgehensweisen beim Mentalen Training erläutert. Seine Aufgabe war es nun, für den ersten und zweiten Aufschlag jeweils eine detaillierte schriftliche Beschreibung des gesamten Bewegungsablaufs auf einem DIN-A4-Blatt zu erstellen.

Dabei ging es nicht darum, die Technik aus einem Lehrbuch abzuschreiben, vielmehr sollte er sich selbst bei der Ausführung sozusagen »von innen« darstellen. Das bedeutete, daß er nicht nur sämtliche technischen Details einbringen mußte, sondern auch Aspekte wie z. B. das Fühlen des Griffbandes und des Balls oder die Wahrnehmung des (für ersten und zweiten Service unterschiedlichen) Geräusches des getroffenen Balls und die deutliche Ausatmung in der Endphase des Service. In den ersten drei Tagen nach der Erstellung der beiden Beschreibungen las sich der Spieler täglich in entspanntem Zustand die Abläufe mehrmals genau durch und erstellte sich dabei »nebenher« jeweils einen »inneren Film«, so daß er

Die genaue schriftliche Beschreibung des gesamten Bewegungsablaufs beim Aufschlag ist eine Möglichkeit des Mentalen Trainings.

Die Prozesse beim Mentalen Training sollten im zeitlichen und rhythmischen Verlauf genau den Bewegungsprozessen angeglichen werden.

sich zu Hause mental in die Situation als aufschlagender Spieler begeben konnte. In diesem Übungsstadium erlebte er seine Bewegung wie in Zeitlupe.
Der nächste Schritt war die Erarbeitung der zeitlichen Deckungsgleichheit von mentaler und praktischer Durchführung der Aufschläge: Hierzu nahm er sich aus seinem »inneren Film« sechs Kurzsequenzen (Knotenpunkte), die er als besonders bedeutsam für den erfolgreichen Ablauf des Aufschlags erachtete. Nun sprang er beim Vorstellen in seinem »inneren Film« so von Knotenpunkt zu Knotenpunkt, daß er sich die Ausführung in ebenso kurzer Zeit vorstellen konnte, wie er für die praktische Umsetzung der Bewegung benötigte. Zur Stabilisierung brachte er die vorgestellten Bewegungsteile in einen durch die Atmung unterstützten Rhythmus, um den Fluß der Technik zu erleichtern und zu stabilisieren.
Der »innere Film« war nun fertig.
In den vier Tagen der mentalen Einübung trainierte der Tennisspieler seine Aufschläge nur in der Vorstellung und sah für diese Zeit von praktischer Aufschlagsarbeit ab. Ab dem 5. Tag kombinierte er nach Absprache mit seinem Trainer das mentale und das praktische Üben auf dem Platz: Auf zwei mentale Durchgänge folgten 20 praktische Aufschläge. Mehrmals wurde dies abwechselnd für den ersten und den zweiten Aufschlag durchgeführt, wobei der »innere Film« ihm jeweils die Sicherheit vermittelte, die Bewegung im Griff zu haben.
Wenige Tage später mußte er in einem wichtigen Spiel gegen einen starken Gegner antreten. Trotz risikoreichen ersten Aufschlages verzeichnete er lediglich einen Doppelfehler im gesamten Match.
Um Langzeitwirkungen zu sichern, arbeitete der Spieler mit dem kombinierten mental-praktischen Training auch in der darauffolgenden Zeit.

Der Eiskunstläufer

Um die »Synchronisation« zwischen mentalen und Bewegungsprozessen bei einem Eiskunstläufer, der mich um Rat bat, zu optimieren, war es notwendig, die Prozesse beim Mentalen Training im zeitlichen

und rhythmischen Verlauf genau den Bewegungsprozessen anzugleichen. Es sollte also mental nicht langsamer und nicht schneller gelaufen werden als in der Realität. Um dieses Gleichschalten zu perfektionieren, arbeiteten wir mit einer Stoppuhr. Der Sportler sollte beim mentalen Trainieren seiner Kür die jeweiligen Sprünge ansagen, die er gerade anfuhr, und den Abschluß seiner Kür per Handzeichen signalisieren.
Ziel war es, die Kür mental in exakt der gleichen Zeitfolge wie motorisch zu laufen. So konnte die Bewegungsvorstellung intensiviert und effektiv zur Stabilisierung des Kürprogramms im Training und in der unmittelbaren Wettkampfvorbereitung eingesetzt werden.

Der Radrennfahrer

Ich fragte einen Radrennfahrer, woran er merke, daß es bei ihm läuft oder nicht, d. h. ob das Fahrrad geht oder nicht. Er meinte: »Wenn es richtig gut geht, ist es ein schöner Bewegungsablauf, man kann ziehen und flüssig fahren, die anderen richten sich nach dir.« Wenn es nicht geht, merkt er dies am »Haken« und am »Würgen« (52/13 mit 100 Umdrehungen): »Nach zwei bis drei Kilometern sinkt die Trittfrequenz ab, das Fahrrad rollt nicht, weil die Frequenz nicht zu halten ist. Man muß immer wieder anschieben ohne vorwärtszukommen. Man schaltet ständig, aber kein Gang paßt.« Der Athlet befindet sich also dann nicht vertieft in seinem Bewegungsablauf – er hat kein rhythmisches Fahrgefühl.

lotto
MBK

COLOMBIA

Das Flow-Erleben

Das Hineinversetzen in den »Flow« bringt eine hohe konzentrative Einengung auf das Notwendigste mit sich.

Das Durchlaufen der vier Stufen des Mentalen Trainings heißt, einen großen Schritt hin zur optimalen Handlungsregulation zu tun. Damit ist eine wesentliche Voraussetzung dafür geschaffen, dem von CSIKSZENTMIHALY (1975) beschriebenen **»Flow-Erleben«** näherzukommen, dem im weitesten Sinne angestrebten Ziel des Mentalen Trainings.

Ein erfolgreicher Tennisspieler beschrieb dieses Gefühl folgendermaßen:
»Mein Schläger schien die direkte Verlängerung meines Armes zu sein, und trotz der weißen Begrenzungslinien hatte der Platz in meinen Augen eine enorme Weite.
Ich bemerkte bei mir gleichzeitig höchste Konzentration und das aufregende Gefühl kribbelnder Aktiviertheit – trotzdem war ich völlig entspannt und freute mich auf jeden Ball, der auf mich zuflog.
Ich war mir absolut sicher, daß ich mit dem nächsten Schlag den Ball praktisch an jeder Stelle im gegnerischen Feld plazieren konnte. Dabei hatte ich immer genügend Zeit, um mir die Ecke auszusuchen und den Schlag technisch vorzubereiten. Die Ausholbewegung, der Schlagvorgang und der Flug des Balles waren dann eigentlich nur noch das erwartete Resultat meiner Gedanken.
Irgendwie entstand so eine Art Rhythmus in meinen Schlägen, der mein Tennis automatisch, fast schon spielerisch leicht werden ließ, ohne daß ich das Gefühl hatte, mich übermäßig anstrengen zu müssen.«

Jeder Aktive hat in seiner Sportart sicherlich schon einmal einen vergleichbaren Zustand erlebt.
Das Hineinversetzen in den Flow bringt eine hohe konzentrative Einengung mit sich. Man erlebt sich intensiv bildhaft während der Ausführung eines Bewegungsablaufs. Ein Delphinschwimmer z. B. hat nur noch die Vorstellung zu »fliegen« oder ein Turniertänzer die des »Schwebens«.
In dieser Richtung vertieft man sich in seinen Bewegungsablauf und kann dann eine sehr rhythmische, bild-

starke Vorstellung entwickeln, auf die man sich beim tatsächlichen Ausführen der Bewegung förmlich stützen kann, um damit seine Bewegungen stabil und unter den entsprechenden Voraussetzungen ausführen zu können.

Drehbücher

Es kommt darauf an, zum richtigen Zeitpunkt das Richtige zu tun und die inneren Prozesse zu präzisieren.

Betrachtet man sich Bewegungsbeschreibungen, Bewegungsanweisungen, aber auch methodische Reihen im Sport, so sind diese im Prinzip nichts anderes als Gebrauchsanleitungen oder **Drehbücher**, die vorgeben, was man zu welchem Zeitpunkt tun muß, um eine bestimmte Wirkung zu erzielen. In schwierigen Situationen ist es – wie bereits im Kap. Selbstgesprächsregulation dargestellt – hilfreich, sich genau an diese Anleitung zu erinnern und sie sich gewissermaßen vorzusagen, um die entsprechende Handlung zielgerecht zu Ende zu bringen.

Ein Beispiel für eine derartige Beschreibung ist in dem Buch »Optimale Skilanglauftechnik II« (WENGER, VOGEL & GEIGER, 1988, S. 86–87) dargestellt.

Solche Bewegungsbeschreibungen berücksichtigen allerdings nur die **Außenperspektive** und klammern im Innern der Person ablaufende Prozesse aus. Jeder, der sich schon einmal mit einer für ihn neuen Bewegung auseinandergesetzt hat, weiß jedoch, daß gerade die inneren Prozesse für das Erlernen von Bewegungen sehr entscheidend sein können. Für sie gibt es in der Regel nur sehr allgemeine Anweisungen, die meist schwer nachvollziehbar sind (z. B. »Bleib einfach locker«, »Konzentriere dich« oder »Versuch einfach, dir die Bewegung vorzustellen«).

Um aber auch für die Regulation psychischer Prozesse eine Hilfestellung zu bekommen, müssen diese Anweisungen differenziert und präzisiert werden.

Wir schreiben deshalb in der Praxis **Drehbücher**, in denen auch die Prozesse, die *in* der Person ablaufen, berücksichtigt werden. Die Sportler erhalten konkrete Anweisungen (Regieanweisungen) darüber, was sie tun sollen, um in einer bestimmten Situation ihre Gedanken regulieren zu können. Dies setzt voraus, daß man einen sehr engen Gesprächsprozeß eingeht, um gemeinsam

ein Drehbuch zu schreiben, das den Sportler überzeugt und an das er sich halten kann, wenn es schwierig wird. Ein Drehbuch ist das Resultat eines langen gemeinsamen Arbeitsprozesses zwischen dem Sportpsychologen/Trainer und dem Athleten. Natürlich muß man derartige Drehbücher ständig weiterentwickeln und differenzieren.

Aus der Praxis

Ein Tennisspieler kann die Pause beim Seitenwechsel nutzen, um sich effektiv zu regenerieren.

Der Tennisspieler
Mit einem Tennisprofi habe ich gemeinsam ein Drehbuch für seine Pausengestaltung beim Seitenwechsel entwickelt. Diese Pause dauert eine Minute und muß im Sinne einer effektiven Regeneration optimal genutzt werden. Er hält sich daher an folgenden Ablauf:

1. Hinsetzen, durchatmen
2. Abtrocknen
3. Trinken und essen
4. Schlägerkontrolle und -auswahl
5. Handtuch über den Kopf, sich zwei-, dreimal auf die Ausatmung konzentrieren (Entspannung!)
6. Aufstehen, anspannen, Selbstgespräch auf Mobilisation und nächste Bewegungsabläufe richten.

Der Bogenschütze
Ein Bogenschütze hatte Probleme mit dem Lösen der Sehne, d. h., die mit den drei mittleren Fingern gehaltene Sehne so loszulassen, daß sie möglichst wenig Störimpulse erhält. Dies geschieht mit einer gleichmäßigen Bewegung des Fingeröffnens, so daß die Sehne förmlich um die Fingerkuppen rollt. Da diese Bewegung dem Schützen Schwierigkeiten machte, suchten wir gemeinsam nach einem Bild, nach einer Vorstellung, die ein optimales Lösen stützen konnte. Dabei kam nach längerem Gespräch die Rede auf den Ausbau des Dachstockes im Haus seines Vaters, bei dem er mitgeholfen hatte: Er hatte Eimer mit Zement vom Erdgeschoß hinaufgetragen. Die Eimer hatten sehr dünne Drahtbügel, und am Ende seines

Weges war ihm jeweils der Eimer (aufgrund der lokalen Muskelermüdung) aus der Hand geglitten, ohne daß er etwas dagegen tun konnte.
Wir fanden, daß dieses Aus-der-Hand-Gleiten des Eimers genau die Vorstellung beinhaltet, die der Bogenschütze haben muß, um seinen Schuß zu lösen. Er versuchte deshalb, sich in diese Situation hineinzuversetzen und das Bild zu reproduzieren, das er beim »Lösen« des Eimers hatte. Seither ist dieses Bild für den Schützen eine gute Hilfe beim Lösen der Sehne. Das Drehbuch für einen Schuß, das wir gemeinsam erarbeitet haben, sah im Training und Wettkampf folgendermaßen aus:

1. Blick auf die Scheibe, entspanntes Stehen,
2. Bilck auf den Boden,
3. einmal tief ein- (Nase) und tief ausatment (Mund); Finger auf Sehne,
4. einmal einatmen, aufrichten, beim Ausatmen Blick auf die Scheibe,
5. beim Ausziehen einatmen, dann hochgehen, reindrehen, ausatmen,
6. ankern (einatmen), zielen, ankern, zielen bis Klikker kommt (der Klicker ist eine Einrichtung, mittels derer der Schütze hören kann, ob er seinen Pfeil ganz ausgezogen hat; der Verf.),
7. lösen – »schweren Eimer loslassen«.

Beim Erarbeiten eines »Drehbuchs« wird nicht selten auf Bewegungsabläufe oder Situationen zurückgegriffen.

Zielsetzung und Analyse

Unrealistische Zielsetzungen führen zu einer Unter- oder Überforderung des Sportlers

Realistische Zielsetzungen und Analysen (Ursachenerklärung und Selbstbewertung) gelten als grundlegende Voraussetzungen für situations- und anforderungsgerechtes Handeln. Wer keine angemessene Zielsetzung hat, wird entweder über- oder unterfordert. Dies soll am Beispiel eines Hochspringers verdeutlicht werden.

Ein Hochspringer bereitet sich auf einen größeren Wettkampf vor, indem er versucht, seine bisherige Sprunghöhe von 1,95 m noch zu verbessern.

Für seinen ersten Sprung wählt er eine Höhe von 1,75 m, die er problemlos überspringt. Darüber freut der Hochspringer sich jedoch nicht, sondern er stellt lediglich achselzuckend fest: »Na ja, das war ja auch kein Kunststück, das war sehr leicht.« Bei einem späteren Sprung legt er die Latte auf 2,00 m und reißt sie mit den Unterschenkeln. Der Kommentar zu diesem Mißerfolg: »Mist, ich kann das nicht.«

Daraufhin wählt er eine Lattenhöhe von 1,87 m und schafft nun den Sprung. Dieses Gelingen wird mit einem sarkastischen »Uff, Glück gehabt!« kommentiert.

Der Hochspringer erklärt also seinen Erfolg nicht mit dem eigenen Können, sondern mit Außenfaktoren wie »Glück« oder einem zu niedrig gesteckten Ziel, während er einen Mißerfolg dem eigenen Nicht-Können zuschreibt.

Ein Mannschaftskollege des Hochspringers trainiert gleichzeitig auf einer benachbarten Anlage: Auch er will seine bisherige Sprunghöhe (1,89 m) steigern.

Er wählt eine Anfangshöhe von 1,85 m. Er reißt die Latte mit dem Rücken und begründet dies damit, daß die Latte für den ersten Sprung wohl doch etwas zu hoch lag. Er

erklärt also seinen Mißerfolg über das eindeutig zu hoch gesteckte Ziel und nicht über sein mangelndes Können. Beim zweiten Sprung wählt er eine Höhe von 1,80 m und berührt die Latte leicht mit der linken Ferse, daß diese ein wenig vibriert und kurze Zeit später fällt. Daraufhin äußert der Springer: »Jetzt habe ich die Höhe beinahe übersprungen. Beim nächsten Mal, wenn der Absprung besser klappt, schaffe ich es bestimmt!«
Der nun folgende Sprung gelingt tatsächlich. Der Hochspringer freut sich über seinen Erfolg und wiederholt diese Sprunghöhe noch einige Male, ehe er die Latte ein wenig erhöht.
Es kommt auch im weiteren Verlauf des Trainings immer wieder zu Fehlsprüngen. Da es dem Hochspringer aber relativ gut gelingt, diese Fehlersuche realistisch zu betrachten und entsprechend zu analysieren (z. B. »Jetzt bin ich zu kraftlos abgesprungen, ich muß mich beim nächsten Mal härter stemmen« oder »Oh, da bin ich eindeutig zu nah abgesprungen, ich muß den ersten Schritt kürzer setzen«), führen diese Mißerfolge nicht zur Aufgabe des Trainings, sondern sind Motivation für weitere Übungen.
Wann immer man etwas tut, versucht man im nachhinein Gelingen und/oder Mißlingen zu begründen (Ursachenzuschreibung). Wie die o. g. Beispiele zeigen, lassen sich Gründe entweder außerhalb der eigenen Person finden oder auch bei sich selbst. Die Art und Weise dieser Begründung ist nun entscheidend für das weitere Handeln, also dafür, ob man weiterhin motiviert und engagiert ist, oder ob man resigniert aufgibt.

Vor diesem Hintergrund ist es wichtig, daß
1. das Setzen realistischer Ziele erlernt wird und daß
2. die Ursachen für das Erreichen oder Nicht-Erreichen von Zielen angemessen analysiert werden.

Versuchen Sie immer, ein Gelingen oder ein Mißlingen zu begründen.

Zielsetzung

Es ist undenkbar, daß ein Mensch ohne Ziele lebt und handelt. Ziele sind erwünschte Endzustände, auf die man sein Handeln richtet. So möchte zum Beispiel der eine im Sport besser werden und trainiert deshalb täg-

lich, ein anderer möchte vielleicht eine Familie gründen und sucht sich deshalb eine größere Wohnung.
Es gibt offensichtlich unendlich viele Ziele, die sich zum einen in ihrer Bedeutsamkeit unterscheiden, zum anderen darin, ob man sie sich für einen langen oder einen kurzen Zeitraum setzt.
Das Umgehen, das realistische Setzen und das Revidieren von Zielen sind also lebensbestimmende Abläufe. Das Erlernen von Zielsetzungsprozessen ist gerade deshalb bedeutsam, weil gesetzte Ziele oft nicht erreicht werden können, oder weil unter Umständen Ärger entstehen kann, wenn man seine Ziele zu niedrig angesetzt hat und danach merkt, daß mehr zu erreichen gewesen wäre, wenn man sich ein ehrgeiziges Ziel gesetzt hätte.

Ziele sind erwünschte Endzustände, auf die das Handeln ausgerichtet ist.

In diesem Zusammenhang ist es notwendig, sich den Unterschied zwischen Willen und Wunsch zu verdeutlichen:
Beim Willen setzt man sich ein Ziel und macht sich sehr differenziert Gedanken darüber, was man selbst Schritt für Schritt tun muß, um dieses Ziel zu erreichen. Etwas zu wollen setzt also Eigeninitiative und Eigenleistung voraus und führt dazu, daß man sich einen Weg sucht um das Gewollte, das Ziel, zu erreichen.
Beim Wunsch hingegen hat man zwar ein Ziel, unternimmt jedoch keinerlei aktive Schritte um diesem Ziel näherzukommen. Da es sich beim Wunsch oftmals um ein unrealistisches Ziel handelt, bleibt die Erfüllung des Wunsches daher meist dem Zufall überlassen.

Voraussetzung für eine realistische Zielsetzung ist das Abwägen aller Bedingungen, die für die Zielerreichung eine Rolle spielen. Man muß seine eigenen Fähigkeiten genau kennen, d. h. seinen momentanen Standort definieren können, um von dort aus – bildhaft gesprochen – eine Leiter zu bauen, auf der man Schritt für Schritt seinem Ziel näher »klettern« kann. Diese Strategie setzt voraus, daß man sich auch bei langfristigen Zielen immer darüber im klaren ist, was man tun muß, um dem Ziel einen Schritt näher zu kommen.

Wenn ein Ziel noch weiter entfernt liegt, ist es sinnvoll, Zwischenziele einzubauen.
Für einen Sportler bedeutet dies, daß er, wenn er sich das Ziel gesteckt hat, an den nächsten Olympischen Spielen teilzunehmen, zwar einen Trainingsplan für die Zeit bis zu den Spielen aufstellt, sich darüber hinaus aber bis dahin verschiedene Zwischenziele u. a. in Form von zu erbringenden Leistungen bei Wettkämpfen oder im Training setzt. So kann er seinem Endziel auf dem Weg über kurzfristige oder mittelfristige Ziele Schritt für Schritt näher kommen.

Die **Zwischenziele** sollten in ihrer Verbindlichkeit das gleiche Niveau haben wie das Endziel und einem ständigen Analyseprozeß unterzogen werden, um Ursachen und Bedingungen für ihr Erreichen oder Nicht-Erreichen zu überprüfen und festzuhalten.

Analyse

Analysen sind notwendig, um das Handeln auf seine Wirksamkeit zu überprüfen. Man unterscheidet objektive und subjektive Analysen.

Eine Analyse ist die Beschreibung eines Ist-Zustandes und der notwendigen Bedingungen bzw. Ursachen, die diesen Ist-Zustand herbeigeführt haben.
Beispiel: Der Trainer der Fußball-Nationalmannschaft bringt zum Ausdruck, daß ein Spiel verloren ist (Ist-Zustand), dies aber nur deshalb geschehen konnte, weil sich zu viele Verletzte vor dem Spiel abgemeldet hatten (Bedingungen).
Derartige Analysen sind in allen Bereichen menschlichen Lebens üblich. Die Studentin etwa, die bei einer Prüfung durchgefallen ist, wird mögllicherweise sagen: »Ich bin durchgefallen (Ist-Zustand), weil der Prüfer unfair geprüft hat« (Bedingung).
Analysen sind notwendig, um Handeln auf seine Wirksamkeit zu prüfen, und um Lern- und Trainingsprozesse steuern zu können.
Analysen erfolgen auf unterschiedlichem Niveau. Bei differenzierten, weitgehend **objektiven Analysen** beschreibt man einen Ist-Zustand und bemüht sich dann, die Bedingungen, die diesen Ist-Zustand herbeigeführt haben, möglichst so darzustellen, wie sie tatsächlich (objektiv) waren. Bei dieser Form der Analyse erhält man

klare Situationsbeschreibungen, auf deren Basis man für die Zukunft entsprechend planen, trainieren und handeln kann.
In manchen Fällen kann jedoch eine objektive Analyse schmerzhaft sein: Wenn sich zum Beispiel herausstellt, daß es nicht äußere Umstände oder Zustände (z. B. Wetter, Platzverhältnisse, Schiedsrichter, Gerät u. a.) waren, die den Mißerfolg zu verantworten hatten, sondern Eigenverantwortlichkeit. Die Erkenntniss, daß man selbst seinen Mißerfolg zu verantworten hat, ist dann besonders schlimm, wenn sie zu negativen Selbstbewertungen und dadurch gegebenenfalls zum vorzeitigen Abbruch späterer Handlungen führt.
Da es nach Mißerfolgen manchmal nicht leicht zu ertragen ist, sich einer objektiven Analyse zu stellen, sich also »reinen Wein einschenken« zu lassen (zumal viele von uns nicht gelernt haben, damit zurechtzukommen), wird häufig eine weitere Form der Analyse angewandt: die **subjektive oder psychohygienische Analyse.**
Der Begriff »Hygiene« steht hier für den Vorgang der Abfallbeseitigung, denn genauso wie man Hygiene in materiellen Bereichen praktizieren kann, ist dies auch im Bereich der Psyche möglich.
Im Fall einer konkreten Analyse bedeutet dies, daß man Ist-Zustände und deren Bedingungen so beschreibt, daß kein psychischer »Abfall« zurückgelassen wird, daß man psychisch sozusagen »sauber« bleibt.
Aus therapeutischen Gründen kann es manchmal angezeigt sein, eine Person, die förmlich »am Boden zerstört« ist, weil es momentan für sie nicht »läuft«, psychohygienisch aufzubauen, indem man alle möglichen Bedingungen zusammenträgt, die zum Herausfinden aus der Talsohle geeignet sein könnten. Auf Dauer führt diese Form der Analyse allerdings zu unangemessenen Selbstbildern und zu unrealistischer Einschätzung von Wirklichkeit, d. h. zu einer Scheinrealität und letztlich zu einem Realitätsverlust.
Da realistische Analysen zu den ständigen Kontrollinstanzen eines angemessenen Handelns gehören, sollte man die Fertigkeit, solche Analysen durchzuführen, systematisch und kontrolliert erwerben und trainieren.
Hierbei ist zu berücksichtigen, daß objektive Ursachenzuschreibungen weniger schmerzhaft sind, wenn für

Mißerfolge nicht pauschal die mangelnde Fähigkeit verantwortlich gemacht wird, sondern wenn die einzelnen personalen Faktoren (wie z. B. mangelnde Vorbereitung oder falsche Wettkampfstrategie) genau und differenziert beschrieben werden.

Aus der Praxis

Skirennläufer sollten sich Zwischenziele setzen: von Stange zu Stange oder von Tor zu Tor.

Der Skirennläufer
Ein jahrelang unterhalb seiner Möglichkeiten fahrender Skirennläufer kam eines Tages auf mich zu und meinte, wir sollten zusammen psychologisch trainieren. In langen Gesprächen versuchte ich, diesen Skirennläufer kennenzulernen. Eine meiner Fragen betraf seine Zielsetzung: »Welche Ziele hast du?« »Ja, ich möchte gewinnen!« antwortete er mir, woraufhin ich feststellte, daß er ja gar nicht gewinne. Er sah sofort ein, daß dies wohl sein Problem war: die Diskrepanz zwischen den tatsächlichen Ergebnissen und den Zielstellungen. In weiteren Gesprächen arbeiteten wir dann heraus, daß das Gewinnen nur eine Konsequenz des sauberen und schnellen Skilaufens sein kann, daß es also unzweckmäßig ist, sich das Endergebnis eines Laufes als Ziel zusetzen.
Es ist demgegenüber angebracht, sich den nächsten notwendigen Schritt in optimaler Konzentration vorzunehmen, also die nächste Stange (beim Slalom) konzentriert, mit vollem Einsatz und einem stabilen Selbstgespräch (siehe S. 20ff.) anzufahren.
Das nächste Ziel war es somit nicht, irgend etwas zu gewinnen oder eine Stangenkombination optimal zu fahren, sondern es bestand darin, konzentriert und schnell – jeweils als Zwischenziel – von Stange zu Stange und Tor zu Tor zu fahren. Zur Unterstützung wurden die Technikelemente, die der Rennläufer während des Tordurchfahrens an den Stangen durchzuführen hatte, symbolisch markiert (siehe S. 81ff.), was in diesem Fall hieß: »Druck« – »weg«. »Druck« markierte den Kanteneinsatz und »weg« das Vorbringen des Unterschenkels zum Beschleunigen im Tor.

OMN

Team

Das Analysieren einer mittels Video aufgezeichneten Trainingskür zusammen mit der Sportgymnastin ist eine sinnvolle Möglichkeit Mentalen Trainings.

Die Vorgehensweise, unter voller Konzentration immer bis zum nächsten Zwischenziel zu fahren, um dann das folgende (Tor) anzuvisieren, unterstützte seine technischen Möglichkeiten erfolgreich.

Die Sportgymnastin

Zur Vorbereitung auf eine internationale Meisterschaft wurde die Kür einer Rhytmischen Sportgymnastin mehrmals täglich im Training absolviert und in Videoaufzeichnungen analysiert, um sie dann nach Möglichkeit zu korrigieren. Analyse und Korrekturvorschläge blieben dabei weitgehend der Trainerin überlassen.

Trotz genauer Anweisungen schlichen sich in die Kür der Gymnastin bestimmte Fehler immer wieder ein, wobei manche, die bereits seit Tagen überwunden zu sein schienen, überraschend wieder auftauchten.

Ziel unserer Zusammenarbeit war daher eine stärkere Eigenbeteiligung der Athletin bei der Analyse der vorausgegangenen Übung. Die Zielsetzung für die nächste Kür sollte gemeinsam erarbeitet werden, so daß es seitens der Gymnastin zu einer stärkeren Identifikation mit der folgenden Trainingsaufgabe (d. h. die Absolvierung der Kür ohne die angemerkten Fehler der vergangenen Übung) kommen konnte. Die Analysen von Trainerin und Athletin sollten dabei möglichst deckungsgleich sein.

Mit der Trainerin wurde folgendes praktisches Vorgehen besprochen:

Nach einer mittels Video aufgezeichneten Trainingskür sehen sich beide die Übung am Monitor an. Zunächst muß dann die Athletin analysieren, d. h. Fehler und besonders gelungene Teile ihrer Kür nennen, die Trainerin wird anschließend gegebenenfalls ergänzen.

Die Aussagen der Gymnastin über bislang problematische Übungsteile werden ebenso auf Video festgehalten, wie ihre detaillierte Beschreibung und Ankündigung einer anschließend korrekten Ausführung der Kür. Ihre Aussagen sollten dabei als Ziele für die nächste Trainingskür festgehalten werden und kommen einer Ergebnisprognose gleich.

Dieses Verfahren wurde dann mehrfach im Training eingesetzt. Um die Analyse- und Zielsetzungsfertigkeit zu optimieren, wurde also eine Form des Prognosetrainings (siehe S. 36ff.) hinzugezogen.
Die Gymnastin wurde jeweils unmittelbar nach einer Übungskür mit ihren zuvor abgegebenen Prognosen konfrontiert, und zwar bevor sie ihre Kür auf Video ansehen konnte. Sie sollte zunächst die eigene Einschätzung der erbrachten Leistung im Vergleich zu ihrer Prognose nennen und dabei eine möglichst realistische Analyse abgeben. Die Trainerin ergänzte die ihr beachtenwerten Punkte anschließend . Beide sahen sich dann das Video der Kür zusammen an.
Danach wurde gemeinsam die (ggf. veränderte) Zielsetzung mit Prognosen für die nächste Trainingskür erarbeitet.
Mit diesem Verfahren erlernte die Athletin das Erkennen erlangter Stärken und Fehler im Training und konnte sich durch den mittels Prognosen selbsterzeugten Leistungsdruck und die anschließende »Gegenüberstellung« wesentlich stärker als bisher mit der Aufgabe einer Verbesserung ihrer Leistung identifizieren. So konnten in auffallend kurzer Zeit verschiedene Fehler effektiv behoben werden.

Nach dem Ansehen der Kür auf Video wird eine Zielsetzung mit Prognosen für die nächste Trainingskür erarbeitet.

Der Einsatz kognitiver Fertigkeiten zwischen zwei Beanspruchungen

Im Sport ist es sehr wichtig, die Pause zwischen zwei Beanspruchungen richtig zu gestalten.

Die Tabelle zeigt die kognitiven Fertigkeiten in der Zeit zwischen zwei Beanspruchungen.

Im Verlauf dieses Buches sind sechs kognitive Fertigkeiten sowie mentale Trainingsformen für diese Fertigkeiten dargestellt worden. Das folgende Kapitel soll in einer Zusammenschau zeigen, wie man sich das praktische Umsetzen dieser Fertigkeiten in Kombination – teilweise ineinandergreifend – vorstellen kann. Dazu wurde eine Situation ausgewählt, die im Sport ebenso typisch wie wichtig ist: die Zeit zwischen zwei Beanspruchungen, beispielsweise in einer Halbzeit, in der Pause zwischen zwei Runden, in der Pause zwischen zwei Disziplinen, zwei Sätzen etc.
Jeder Trainer und jeder Athlet weiß, daß es unter Umständen die ungeschickte und psychologisch wenig einfühlsame und unzweckmäßige Gestaltung der Pause war, die dem Athleten die zweite Halbzeit, die zweite Disziplin, den zweiten Satz etc. »verdorben« hat.

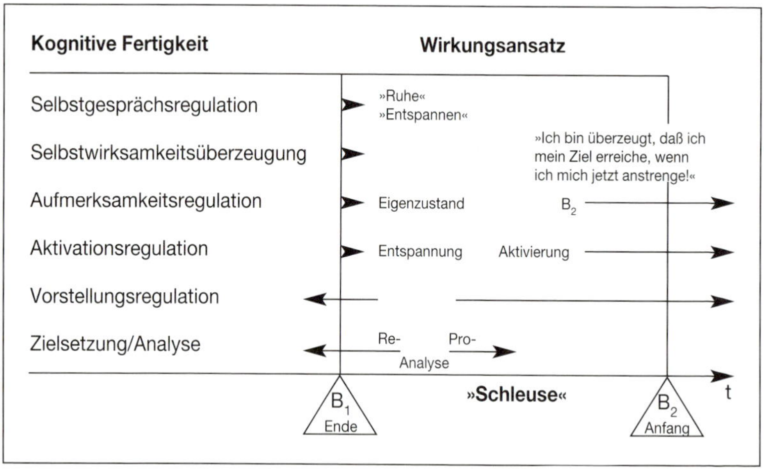

Was soll man also tun, um sich psychisch nach einer Beanspruchung so einstellen zu können, daß man sich für die nachfolgende Beanspruchung in einem optimalen psychischen Zustand befindet?
Man muß der Pause die Funktion einer **Schleuse** verleihen. Schleusen sind Räume zwischen zwei Systemen (hier Beanspruchung B_1 und Beanspruchung B_2), die man benutzt, um optimal von System 1 in System 2 überzugehen.
Die Abbildung links stellt dar, wie mittels des Einsatzes kognitiver Fertigkeiten der Übergang von B_1 zu B_2 so gestaltet werden kann, daß für die Beanspruchung 2 optimale Handlungsvoraussetzungen gegeben sind.
Im folgenden soll gezeigt werden, daß man die beschriebenen kognitiven Fertigkeiten nicht isoliert betrachten, sondern sie in der Praxis in steter Wechselbeziehung sehen und trainieren muß.

Selbstgesprächsregulation

Nach Beendigung von B_1 muß der Sportler zunächst versuchen, per Selbstgespräch das Vergangene auszublenden und das Selbstgespräch auf »Ruhe«, »Beruhigung« und »Entspannung« zu lenken.

Regulation der Kompetenzerwartung

Bei Abschluß der ersten Beanspruchung muß der Athlet sich auf die Überzeugung einstellen, daß er in der Lage ist, die folgenden Anforderungen und Beanspruchungen zu bewältigen, wenn er sich anstrengt.
Möglicherweise muß er die eine oder andere Modifikation (z. B. technisch-taktische Veränderungen) vornehmen, so daß er sich vor der zweiten Beanspruchung sagen kann: »Ich bin überzeugt, daß ich in der Beanspruchung 2 mein Ziel erreichen kann, wenn ich mich anstrenge und mich auf die wesentlichen Dinge konzentriere.«

Der Athlet sollte sich bewußt machen, daß er den ihm bevorstehenden Anforderungen gewachsen ist.

Aufmerksamkeitsregulation

Die Aufmerksamkeit sollte nach Beendigung der Beanspruchung 2 eindeutig auf den Eigenzustand gerichtet sein. Das bedeutet, daß der Athlet sich ausschließlich auf sich selbst besinnt, d. h. auf die Prozesse, die in ihm ablaufen. Dies ist notwendig, um zunächst wieder zu sich selbst zu finden und nicht »außer sich zu sein« oder zu bleiben, um dann in verwirrtem Zustand die nächste Beanspruchung anzugehen.

Aktivationsregulation

Ziel ist hier zunächst Entspannung und Relaxation nach B_1, um dann gegebenenfalls mit Aktivierungstechniken das optimale Aktivationsniveau für B_2 erreichen zu können.

Vorstellungsregulation

Wichtige Fehler oder auch Gelungenes in der vergangenen Beanspruchungsphase sollten rekonstruiert werden, um darauf aufbauend eine weiterführende Entscheidung zu treffen. Dabei können Mentales Training und/oder Drehbücher zur Vorbereitung auf die folgende Beanspruchung hilfreich sein.

Zielsetzung/Analyse

Die Zielsetzung für das Nachfolgende muß analytisch aufgebaut und möglichst präzise formuliert werden. Unter Umständen muß man sich vor Augen halten, daß es im Sport außer dem Gewinnen noch viele andere Zielsetzungen gibt.

Kombinierter Einsatz kognitiver Fertigkeiten in Training und Wettkampf

Die nachfolgende Beschreibung soll beispielhaft zusammenfassen, wie sehr die kognitiven Fertigkeiten in der praktischen Anwendung ineinandergreifen: Oftmals sind die verschiedenen Fertigkeiten nicht isoliert einzusetzen, sie bedingen sich gegenseitig.

Die kognitiven Fertigkeiten müssen in Wechselbeziehung zueinander gesehen und trainiert werden.

Aus der Praxis

Der Moto-Cross-Fahrer
Ein national wie international erfolgreicher Moto-Cross-Fahrer suchte bei mir sportpsychologische Hilfestellungen zur Optimierung seiner Leistung.
Anlaß und Ausgangspunkt der Kontaktaufnahme seitens des Fahrers war die Nicht-Übereinstimmung von Fremd- und Eigenbewertung: Er selbst empfand sich im Rennen als »am Limit fahrend«, wohingegen sachkundige Beobachter der Meinung waren, daß bei seinen Voraussetzungen »wesentlich mehr drin« sei.
Auf der Basis ausführlicher Gespräche sowie diverser Trainings- und Wettkampfbeobachtungen erarbeiteten wir die vordringlichen Optimierungspunkte:
- Optimierung des Verhaltens in schwierigen Streckenabschnitten und bei Überholmanövern.
- Verbesserung der fahrerischen Leistung im sogenannten Pflichttraining, bei dem es mit Blick auf Qualifikation und Startaufstellung darauf ankommt, innerhalb eines kurzen Zeitraums eine möglichst schnelle Runde zu fahren.
- Optimierung der psychologischen Regeneration zwischen zwei Läufen.

Ein Moto-Cross-Fahrer kann sich das Bewältigen schwieriger Strecken durch Instruktionen, die er sich selbst gibt, erleichtern.

- Optimierung der Startvorbereitung im Sinne verbesserter Konzentration und Einstellung auf das Rennen.

Selbstgesprächsregulation
Zur Erleichterung des Fahrens schwieriger Streckenabschnitte erlernte der Moto-Cross-Fahrer, sich selbst positiv und handlungsleitend zu instruieren: In schwierigen Kurven oder bei Sprüngen unterstützte er fortan seine Handlungen mit kurzen und prägnanten Selbstgesprächen wie z. B. »voll... voll... weg... voll... dranbleiben« o. ä.
Um günstige Zeitpunkte für Überholmanöver nicht zu verpassen, verabredeten wir, daß er sich während eines Rennens eine bestimmte Stelle auf der Strecke zum Überholen des unmittelbar vor ihm Fahrenden vornehmen sollte, um im entscheidenden Moment sich selbst mit dem Signal »jetzt« zur Durchführung des Manövers anzuhalten. Das darauf folgende Ziel war klar: »Der Nächste!«
Seine in vorausgegangenen Runden häufig etwas zögerliche Haltung beim Überholen, die ihm dazu zwang, der Spur des Vorausfahrenden für längere Zeit zu folgen und damit aus dem eigenen Fahrrhythmus zu kommen, ließ sich mit dieser Technik verbessern. Auch im sog. Vorstart und in der Startphase selbst konnte er sich mit Hilfe der zunächst gemeinsam im Gespräch erarbeiteten, dann im Training erprobten und im Wettkampf eingesetzten Selbstgespräche unterstützen.

Kompetenzerwartung
Einmaligkeit, Prognose und Konsequenz, drei wesentliche Unterscheidungsmerkmale von Training und Wettkampf (vgl. S. 32ff.), wurden systematisch in das Training eingeführt, um einige der Bedingungen für psychische Beanspruchungen des Wettkampfs in das Training einzubringen.
Wir verabredeten ein »wettkampfnahes 5-Runden-Training«, bei dem der Fahrer prognostizieren sollte, in welcher Runde er die schnellste Zeit fahren würde – und zwar mit genauer Zeitangabe.
Ihm war klar, daß es auch bei Nicht-Gelingen keine

unmittelbare Wiederholungsmöglichkeit geben würde. Diese Übung wurde immer zum Abschluß einer Trainingseinheit aufgenommen, wobei er sich jedesmal wie auf ein normales Rennen vorbereiten mußte. Ziel war es, seine Prognose (»Meine schnellste Runde wird die zweite sein, mit 2.30 Min., die anderen Runden werden nur geringfügig langsamer sein«) und die erbrachte Leistung zusammenzubringen, so daß er mit gestärktem Selbstvertrauen vor jedem Lauf sagen konnte: »Ich weiß, daß ich das mir selbst gesteckte Ziel erreichen kann, wenn ich mich jetzt anstrenge!« Tatsächlich gelang es ihm im Laufe unserer Zusammenarbeit, Rundenzeiten, die er nur mit vollem Einsatz erreichen konnte, beinahe exakt vorherzusagen. Die Sicherheit bezüglich der eigenen Leistungsfähigkeit ließ Zweifel vor einem Rennen in den Hintergrund treten.

Aufmerksamkeitsregulation

Um sich insbesondere vor einem Rennen nicht durch leistungsirrelevante Dinge ablenken zu lassen (z. B. Lärm), erarbeiteten wir ein Drehbuch (siehe S. 97ff.) für die Vorbereitungszeit eines Rennens bzw. einer Qualifikation. Hierbei wurden Abläufe des Anziehens, des Aufwärmens, im Vorstart und beim Start so festgelegt, daß die Konzentration vollständig für die anstehende Aufgabe (»Mein nächster Lauf!«) zur Verfügung stand. Eventuelle technische Absprachen und Details wurden im Vorfeld geklärt und ihre Umsetzung vom Mechaniker übernommen.

Aktivationsregulation

Zur Optimierung der Regeneration zwischen zwei Läufen erlernte der Fahrer zunächst die Muskelentspannungstechnik nach JACOBSON (siehe S. 73ff.). Es gelang ihm nach einer Einübungsphase sehr schnell, sich in seinem Wohnmobil innerhalb kurzer Zeit zu entspannen und damit das hohe Aktivierungsniveau nach einem Lauf zu senken. So konnte die Regeneration beschleunigt und intensiviert werden. Zur Unterstützung hörte er über Kopfhörer entspannende Musik, da die Außengeräusche bei Motorrad-Veranstaltungen erheblich sind und störend wirken kön-

Vor einem Rennen oder Start sollte die Konzentration voll auf die bevorstehende Aufgabe gerichtet sein.

nen. Die erlernte Technik erlaubte es ihm auch, sich beim Einsitzen ca. 15 Minuten vor dem Start nochmals für kurze Zeit zu entspannen, bevor die unmittelbare – aktivierende – Vorbereitungsphase begann (auf dem Motorrad sitzend: Verstärkte Einatmung, Aufbau von Muskelspannung, aktivierendes und motivierendes Selbstgespräch). Er konnte somit ein anforderungsadäquates Aktivationsniveau vor dem Start erreichen, wobei die in der Pause durchgeführte Entspannung eine erneute Aktivierungs- und Konzentrationssteigerung für das anstehende Rennen ermöglichte. Auch während des Fahrens sollten im Hinblick auf Konzentrations- und Konditionsausdauer kurze »entspannende« Phasen eingebaut werden. Insbesondere in weniger anspruchsvollen Streckenteilen galt es, den Kraftaufwand zu ökonomisieren, d. h. das Motorrad möglichst locker zu führen und so einer psychischen wie physischen Verkrampfung entgegenzuwirken.

Hilfreich ist das gedankliche Üben und »Durchfahren« des Kurses in den Pausen.

Vorstellungsregulation
Mittels Mentalen Trainings (siehe S. 81ff.) wurde das Durchfahren schwieriger Streckenabschnitte (z. B. Brems- und Beschleunigungspunkte) bzw. des ganzen Rundkurses gedanklich geübt. Insbesondere konnte der Fahrer die Zeit in den Pausen nutzen, um schwierige Teile in Gedanken optimal zu durchfahren. Im Kurs war das Vorsagen der Knotenpunkte dieser Streckenteile eine wertvolle Unterstützung (Selbstgespräch). Auch das erarbeitete Drehbuch (siehe S. 97ff.) für die Startvorbereitung trug erfolgreich zur Vorstellungsregulation des Fahrers bei.

Zielsetzung/Analyse
Die realistische Analyse der erbrachten Leistungen im jeweils vorangegangenen Lauf war die Grundlage einer Optimierung der Leistung für das nächste Rennen. Je nach Ergebnis der Analyse wurde Wert darauf gelegt, bestimmte Streckenabschnitte nochmals mental zu üben o. ä. Für den nächsten Lauf konnte dann eine realistisch-optimistische Prognose gestellt werden, die als anzustrebendes Ziel definiert wurde.

34
34
Arai
agv
agv
7

Anhang

Literatur

BERNSTEIN, D.A. & BORKOVEC, T.D. (1975). Entspannungs-Training. Handbuch der Progressiven Muskelentspannung. München: Pfeiffer.

BANDURA, A. (1977). Self-Efficacy: Toward a Unifying Theory of Behavioral Change. Psychological Review, 84, 191–215.

CSIKSZENTMIHALYI, M. (1975). Beyond Boredom and Anxiety. The Experience of Play in Work and Games. San Francisco: Jossey Bass Publishers.

DÖBLER, H. (1969). Abriß einer Theorie der Sportspiele. Leipzig: Deutsche Hochschule für Körperkultur.

EBERSPÄCHER, H. (1993). Sportpsychologie. 5. Aufl. Reinbek: Rowohlt.

EBERSPÄCHER, H. (1992). Wahrnehmung. In H. EBERSPÄCHER (Ed.), Handlexikon Sportwissenschaft, 537–541. 2. Aufl. Reinbek: Rowohlt.

EBERSPÄCHER, H. (1988). Individuelle Handlungsregulation. Schorndorf: Hofmann.

HERMANN, H.-D. & EBERSPÄCHER, H. (1994). Psychologisches Aufbautraining nach Sportverletzungen, München: BLV.

HERRIGEL, E. (1979). Zen in der Kunst des Bogenschießens. 19. Aufl. Barth-Verlag.

KUNATH, P. (1987). Die Vermittlungsfunktion des Psychischen in der bio-psycho-sozialen Einheit des Menschen. Theorie und Praxis der Körperkultur, Heft 2, 89–92.

LINDEMANN, H. (1975). Überleben im Stress. Autogenes Training. München: Mosaik-Verlag.

LINDSLEY, D.B. (1961). The Reticular Activating System and Perceptual Integration. In D.E. SHEER (Ed.), Electrical Stimulation of the Brain. Austin, Texas: University Texas Press, 191.

MAHONEY, M.J. & AVENER, M. (1977), Psychology of the Elite Athlete: An Exploratory Study. Cognitive Therapy and Research, 1 (2), 135–141.

MATHESIUS, R., MÜLLER, S. & SCHELLENBERGER, B. (1974). Leistungserwartung und Leistungserleben. In P. KUNATH (Gesamtleitung), Beiträge zur Sportpsychologie, Teil 2. Berlin (DDR): Sportverlag, 66–152.

NIDEFFER, R.M. (1976). The Inner Athlete. Mind Plus Muscle for Winning. New York: Crowell.

VOLPERT, W. (1977). Optimierung von Trainingsprogrammen. Lollar/Lahn: Andreas Achenbach.

WENGER, U., VOGEL, P. & GEIGER, L. (1988). Optimale Skilanglauftechnik 2. Unterhaching: Sportinform.

YERKES, R.M. & DODSON, J.D. (1908). The Relationship of Strength of Stimulus to Rapidity of Habit Formation. Journal of Comprehensive Neurology and Psychology, 18, 459–482.

Trainingsbegleiter

Die 5 Schritte zum leistungsfördernden Selbstgespräch

1. Schritt:
Fragen Sie sich: »Ist mir die Bedeutsamkeit meiner Selbstgespräche für meine Leistung bewußt?«
Falls nein: Lesen Sie (nochmals) das Kapitel »Selbstgesprächsregulation«.

2. Schritt:
Beobachten Sie Ihre Selbstgespräche während und nach verschiedenen sportlichen Anforderungssituationen und halten Sie sie schriftlich fest:

»Meine typischen Selbstgespräche«

	während	nach
Leichte Wettkampfsituation (»Ich bin überlegen«)	____________	____________
	____________	____________
Schwierige Wettkampfsituation	____________	____________
(»Ich habe Probleme«)	____________	____________
Aussichtslose Wettkampfsituation	____________	____________
	____________	____________

Erinnern Sie sich nun an Ihren letzten erfolgreichen Wettkampf/ Spiel.

Vor Beginn habe ich mir gesagt: ______________________

____

____

Währenddessen habe ich mir gesagt: ______________________

____

____

Danach habe ich mir gesagt: ______________________

____

____

Erinnern Sie sich nun an Ihren letzten mißlungenen Wettkampf/ Spiel.

Vor Beginn habe ich mir gesagt: ______________________

____

____

Währenddessen habe ich mir gesagt: ______________________

____

____

Danach habe ich mir gesagt: ______________________

____

____

3. Schritt:
Suchen Sie aus Ihren im 2. Schritt festgehaltenen Selbstgesprächen diejenigen heraus, die in der Vergangenheit Ihr sportliches Handeln am besten gestützt und positive Konsequenzen auf Ihre Leistung hatten (jeweils nur *eine* Ausage). Füllen Sie nur die Zeilen aus, für die Sie entsprechend positive Selbstgespräche finden konnten.

	während	nach
Leichte Wettkampfsituation	______________	______________
	______________	______________
Schwierige Wettkampfsituation	______________	______________
	______________	______________
Erfolgreiche Wettkampfsituation	______________	______________
	______________	______________

Schreiben Sie nun auf, mit welchen Worten Sie sich am besten

beruhigen/entspannen können: ______________________________

____

aktivieren/mobilisieren können: ______________________________

____

4. Schritt:
Entscheiden Sie sich aufgrund der Aussagen im 3. Schritt nun für *eine* positive Formel, die Sie zu sich selbst sagen werden
- vor *jedem* Wettkampf/Spiel

____

- während einer leichten Wettkampf-/Spielsituation

____

- während einer schwierigen Wettkampf-/Spielsituation

____

- nach *jedem* Wettkampf/Spiel

____

Vor oder während eines Wettkampfs/Spiels werde ich mich in Zukunft mit den Worten

____

______________________________________ beruhigen.

____

______________________________________ entspannen.

Sollten Sie einige Felder nicht ausfüllen können, so überlegen Sie sich – ggf. mit Hilfe Ihres Trainers/Ihrer Trainerin –, mit welchen Worten Sie sich unterstützen könnten.

5. Schritt:
Üben Sie die stützenden Selbstgespräche bewußt und regelmäßig im Training ein! Eventuell müssen einige Formulierungen verändert werden, bis sie »maßgeschneidert« passen.

Das sollten Sie beachten:
- Verwenden Sie in Ihren Formulierungen das Wort »Ich«.
- Sprechen Sie mir sich über Ihre Stärken.
- Verwenden Sie positive Formulierungen.

Das sollten Sie vermeiden:
- Negative Formulierungen und Selbstbeschimpfungen.
- Formulierungen, die Sie vor, während oder nach aussichtslosen Situationen oder mißlungenen Wettkämpfen/Spielen zu sich selbst gesagt haben und die Ihnen nicht weitergeholfen haben.

Die 7 Schritte zur Kompetenzüberzeugung

1. Schritt:
Entscheiden Sie sich für eine der drei Trainingsformen:
- (offenes) Prognosetraining,
- Training der Nichtwiederholbarkeit,
- Prognosetraining und Training der Nichtwiederholbarkeit mit Zeitverzögerung.

Haben Sie noch nie ein solches Training absolviert, empfiehlt es sich, mit dem Prognosetraining anzufangen.

2. Schritt:
Legen Sie die Anforderung (ggf. mit Hilfe Ihres Tainers/Ihrer Tainerin) fest!
Die unten angeführten Beispiele sollen als ein erster Hinweis verstanden werden. Ihre eigene praktische Erfahrung, verbunden mit den hier gegebenen Erläuterungen, ermöglichen es Ihnen, ohne Schwierigkeiten weitere Übungsformen – auch für den Fall, daß Ihre Sportart an dieser Stelle nicht berücksichtigt wurde – zu entwickeln und durchzuführen.

3. Schritt:
Setzten Sie sich ein definitives Ziel für Ihre Leistung! Sprechen Sie dies mit dem Trainer/der Trainerin ab. Schreiben Sie Ihr Ziel auf bzw. verkünden Sie es in der Trainingsgruppe (offenes Prognosetraining).

4. Schritt:
Entschließen Sie sich jetzt, die Anforderung zu bewältigen und führen Sie sie durch.

5. Schritt:
Vergleichen Sie Ihre vorhergesagte Leistung mit der erbrachten (Ist-Soll-Vergleich) und stellen Sie fest, ob die erwartete Leistung erreicht, nicht erreicht oder übertroffen wurde.

6. Schritt:
Suchen Sie möglichst objektiv – mit Hilfe des Trainers/der Trainerin – die Gründe für diesen Handlungsausgang. Überlegen Sie, ob Sie

Checkliste

Sportart	Trainingsform (offenes) Prognosetraining	Training der Nicht-wiederholunbarkeit
Fußball	*3 Überzahlangriffe *5 indirekte Freistöße mit Mauer	*nur **1** Elfmeter *nur **1** Freistoß *nur **1** Angriff
Tennis	*2 gleich starke Spieler spielen 1 Satz *50 1. Aufschläge *10 Returns	*nur **1** Spiel eines Satzes *nur **1** Aufschlag *nur **1** Return
Turnen	*Kürturnen; Athlet(in) beschreibt vorher Schlüsselstellen und prognostizierte korrekte Ausführung und Wertung	*vgl. Beispiel Prognose-training ohne Wieder-holungsmöglichkeit *nur **1** Abgang
Ringen	*Kampf mit Wertung; Athleten prognostizie-ren Ergebnis und Tech-nik	*nur **1** Kurzkampf *nur **1** Technik
Hürdenlauf	*Lauf mit Zeitvorhersage	*nur **1** Lauf
Weitsprung	*3 Sprünge über fest-gelegte Weite *Qualifikationstraining	*nur **1** Sprung
Ihre Sportart	* ____ ____ * ____ ____ * ____ ____ * ____ ____ * ____ ____	* ____ ____ * ____ ____ * ____ ____ * ____ ____ * ____ ____

realistischerweise beim nächsten Mal unter der gleichen Voraussetzung ein höheres, ein niedrigeres oder dasselbe Ziel anstreben würden.

7. Schritt:
Revidieren Sie gegebenenfalls Ihre Ziel. Orientieren Sie sich bei der nächsten Prognose an dieser Revision.

Das sollten Sie beachten:
- Der Trainer/die Trainerin sollte bei dieser Trainingsform immer anwesend sein.
- Setzen Sie das Überzeugungstraining vor allem am Ende einer Trainingseinheit ein.
- Die Prognosen sollten an der aktuellen Leistungsgrenze unter den jeweils gegebenen situativen Bedingungen ansetzen.
- Alle Trainingsformen können als »offenes Prognosetraining« (Prognose wird dem Gegner/der Trainingsgruppe mitgeteilt) ablaufen.
- Alle Trainingsformen können mit Zeitverzögerung eingesetzt werden.
- Den Zeitpunkt des Leistens entscheidet immer der Trainer/die Trainerin, oder er kann – beispielsweise durch Würfeln – vom Zufall bestimmt sein.
- Versuchen Sie sich in die realistische »Ernstfallsituation« zu versetzen.

Das sollten Sie vermeiden:
- Zu häufige Durchführung (setzen Sie das Überzeugungstrainig höchstens alle 3–5 Trainingseinheiten ein!).
- Unrealistische Zielsetzungen.
- Zu niedrige/zu einfache Zielsetzungen.

4 Schritte zur Aufmerksamkeitsregulation

1. Schritt:
Legen Sie für die Aufmerksamkeitsregulation »external – eng«, »external – weit«, und »internal – eng« jeweils fünf Inhalte fest. Der Bereich »internal – weit« ist für die eigene positive Befindlichkeit reserviert.
- Als Anregung finden Sie unten jeweils ein Beispiel aus den Sportarten Schwimmen, Radrennfahren, Volleyball und Judo. (Bitte ergänzen Sie für Ihre eigene Sportart):

2. Schritt:
Lenken Sie in Gedanken nacheinander Ihre Aufmerksamkeit auf jeden einzelnen der für Sie wichtigen Inhalte.

3. Schritt:
Wechseln Sie in Gedanken zwischen den verschiedenen Bereichen und Inhalten hin und her, bis Sie dies problemlos beherrschen. Stellen Sie sich alles möglichst lebhaft und intensiv vor.

4. Schritt:
Üben Sie nun die Aufmerksamkeitslenkung auch im praktischen Training ein.

Eine kleine Übung zur allgemeinen Konzentrationsschulung: »Gedankenschach«
Schließen Sie die Augen, entspannen Sie sich und stellen Sie sich ein Schachbrett mit einigen Figuren vor. Ziehen Sie in Gedanken mit diesen Figuren und merken Sie sich jeweils die neuen Stellungen.

Das sollten Sie beachten:
- Üben Sie zwei Wochen lang täglich jeweils einige Minuten an einem ruhigen Ort.
- Versuchen Sie die Inhalte klar und deutlich zu erleben.
- Üben Sie den schnellen Wechsel.
- Spielen Sie »zum Aufwärmen« »Gedankenschach«.

Das sollten Sie vermeiden:
- Ablenkung von außen.
- Störende Gedanken.

Checkliste

Sportart	Aufmerksamkeit			
	internal		external	
	eng	weit	eng	weit
Schwimmen	Fingerspitzen beim Armzug	Positive Befindlichkeit vor einem Wettkampf	Anschlag	Möglichst gesamtes Bad mit allen Menschen
Radrenn-fahren	Rechtes Knie	Positive Befindlichkeit vor einem Rennen	Lücke im Fahrerfeld	Möglichst das ganze Fahrerfeld
Volleyball	Handfläche beim Auf-schlag	Positive Befindlichkeit vor einem Spiel	Hände des gegnerischen Blocks	Gesamtes gegnerisches Spielfeld
Judo	Rechter Fuß beim Eindre-hen zu einem Wurf	Positive Befindlichkeit vor einem Kampf	Fußstellung des Gegners	Gesamtes Dojo
Ihre Sportart (jeweils meh-rere Beispiele nennen!)	1. ____ ____ 2. ____ ____ 3. ____ ____ 4. ____ ____ 5. ____ ____ ____ ____ ____	Positive Befindlichkeit vor oder wäh-rend eines Wettkampfs bzw. Spiels	1. ____ ____ 2. ____ ____ 3. ____ ____ 4. ____ ____ 5. ____ ____ ____ ____ ____	1. ____ ____ 2. ____ ____ 3. ____ ____ 4. ____ ____ 5. ____ ____ ____ ____ ____

Finden und üben Sie Ihre eigenen Relaxations- und Mobilisationsmöglichkeiten in 3 Schritten

1. Schritt:
Überlegen Sie, gegebenenfalls mit Hilfe Ihres Trainers/Ihrer Trainerin, wie Sie vor, während und nach Wettkampfsituationen durch Veränderungen Ihres Verhaltens (z. B. Atemregulation, Schnelligkeit der Bewegungen), Ihrer Umwelt (z. B. reizarme oder anregende Umwelt aufsuchen oder »herstellen«) und Ihrer Wahrnehmung (z. B. durch beruhigende oder aktivierende Selbstgespräche) zu Ihrer eigenen Relaxation bzw. Mobilisation beitragen können.

• Tragen Sie die Ergebnisse Ihrer Überlegungen in die folgenden Tabellen ein:

MEINE RELAXATIONSMÖGLICHKEITEN			
	Wettkampfsituationen		
Ansatz	**vor**	**während**	**nach**
Verhalten	______ ______ ______ ______	______ ______ ______ ______	______ ______ ______ ______
Umwelt	______ ______ ______ ______	______ ______ ______ ______	______ ______ ______ ______
Wahrnehmung	______ ______ ______ ______	______ ______ ______ ______	______ ______ ______ ______

MEINE MOBILISATIONSMÖGLICHKEITEN			
	Wettkampfsituationen		
Ansatz	**vor**	**während**	**nach**
Verhalten			
Umwelt			
Wahrnehmung			

Eventuell sind in Ihrer Sportart nicht alle Felder sinnvoll zu besetzen (beispielsweise kann man als Ruderer im Mannschaftsboot die Umwelt nicht wechseln!); lassen Sie diese Felder ggf. frei.

2. Schritt:
Probieren Sie diese Ansätze im Training so lange aus, bis Sie sie erfolgreich einsetzen können.

3. Schritt:
Relaxieren bzw. mobilisieren Sie sich je nach Bedarf zunächst vor, während und nach leichten, später bei schwierigen Wettkämpfen/Spielen.

Das sollten Sie beachten:

- Wählen Sie nur praktikable Ansätze.
- Unterstützen Sie sich durch ein beruhigendes oder aktivierendes Selbstgespräch.
- Fragen Sie Ihren Trainer/Ihre Trainerin nach weiteren Möglichkeiten.
- Fragen Sie Ihre Trainingskollegen/-kolleginnen.

Das sollten Sie vermeiden:

- »Gewaltsames« Erzwingen eines Entspannungszustandes.

Erlernen Sie zusätzlich die Progressive Muskelentspannung oder das Autogene Training! Möglichkeiten hierzu finden Sie bei Sportpsychologen an den Olympiastützpunkten und Bundesleistungszentren. Auch durch den Besuch eines Volkshochschulkurses oder mit Hilfe eines niedergelassenen Psychologen können Ihnen diese Techniken in relativ kurzer Zeit vermittelt werden. Als Ansprechpartner können auch die Psychologischen Institute der Universitäten dienen.

Mentales Trainieren sportlicher Techniken in 8 Schritten

1. Schritt:
Wählen Sie einen Bewegungsablauf aus Ihrer Sportart, den Sie mental trainieren wollen.

2. Schritt:
Schreiben Sie ganz konkret und detailliert den gesamten Bewegungsablauf und was zur Ausführung seiner Technik notwendig ist auf (mind. 1 DIN-A4-Blatt). Vergessen Sie dabei nicht, auch Ihre (inneren) Empfindungen mit darzustellen.

3. Schritt:
Nehmen Sie sich an drei aufeinanderfolgenden Tagen jeweils eine halbe Stunde Zeit, um in Ruhe den Bewegungsablauf mehrmals durchzulesen.
Vesuchen Sie, sich den Bewegungsablauf dabei so intensiv einzuprägen, daß Sie der Vorstellung unterliegen, im Moment des Durchlesens der aktiv Ausführende zu sein. Ist dies gelungen, haben Sie einen ersten detaillierten »inneren Zeitlupen-Film«.
Schauen Sie sich diesen »inneren Film« an mehereren Tagen jeweils 15 Minuten intensiv an!

4. Schritt:
Läuft der »innere Zeilupen-Film« problemlos, dann suchen Sie sich die entscheidenden 5 oder 6 Stellen (Knotenpunkte) heraus, von denen Sie meinen, daß sie die Schlüsselstellen für die korrekte Ausführung sind.
Springen Sie nun in Gedanken von Knotenpunkt zu Knotenpunkt, so daß die Vorstellung der Technik/Technikkombination eine ähnlich lange Zeitdauer in Anspruch nimmt, wie die praktische Ausführung.
Üben Sie den verkürzten Film, bis Sie glauben, ihn zu beherrschen.

5. Schritt:
Bezeichnen Sie die Knotenpunkte mit Kurzworten (z. B. »eins«, »zwei«, »drei«... oder »vor«, »ran«, »auf«,... o. ä.).
Unterstützt durch diese Kurzworte, bringen Sie nun die Bewegung in einen Rhythmus.

Üben Sie den Umgang mit diesem Film (jedoch nicht mehr als 15 Minuten am Stück) so lange, bis Ihr innerer Film exakt die gleiche Zeitdauer in Anspruch nimmt, wie die praktische Ausführung.

6. Schritt:
Üben Sie auf diesem Niveau weitere 2 bis 3 mentale Trainingseinheiten. Sollten Schwierigkeiten bei der Vorstellung auftreten, so gehen Sie nochmals kurz zum zweiten bzw. dritten Schritt zurück.

7. Schritt:
Kombinieren Sie – nach Rücksprache mit dem Trainer/der Trainerin – das mentale und das praktische Training (beispielsweise können auf 2 mentale Durchgänge 10 praktische folgen – je nach Technik/Technikkombination).

8. Schritt:
Trainieren Sie konsequent mental in der Vor- und Nachbereitung, in Pausen oder bei kürzeren Unterbrechungen des Wettkampfs/Spiels.

Das sollten Sie beachten:

- Trainieren Sie nur eine Bewegung, in der Sie Vorerfahrungen haben.
- Üben Sie vor allem zu Beginn sehr detailliert und genau.
- Beginnen Sie das Mentale Training immer in einem möglichst entspannten Zustand.
- Bleiben Sie während des Übens hoch konzentriert.
- Üben Sie immer aus der Eigenperspektive.
- Die Vorstellung der Technikausführung sollte nicht länger dauern, als dies praktisch der Fall wäre.
- Vergegenwärtigen Sie sich die Situation lebhaft (Setzen Sie alle Sinne ein!).

Das sollten Sie vermeiden:

- Übertriebene Ehrgeizhaltung.
- Überspringen von Bewegungsphasen bei den obigen Schritten 2 und 3.
- Gegenvorstellungen (z. B. Mißlungene Ausführungen).
- Denkblockaden.
- Zurücklaufen und Wiederholungen im »inneren Film«.
- Unrealistische Zielvorgaben.

Anm.: Gegenvorstellungen, Denkblockaden und das Zurücklaufen und Wiederholen im »inneren Film« lassen sich durch Vorsprechen der Knotenpunkte (subvokal) verhindern.

Was das Drehbuch enthalten soll

Schreiben Sie sich ein Drehbuch für die Wettkampfvorbereitung und/oder Pausengestaltung!

In das Drehbuch sollten in chronologischer Reihenfolge eingehen:

- der Ablauf des körperlichen Aufwärmens,
- der Ablauf des geistigen Aufwärmens (z. B. Selbstgespräche über die eigenen Stärken; Mentales Training),
- Handlungsleitende Selbstinstruktionen für die anstehende Aufgabe,
- eventuell entspannende oder mobilisierende Selbstgespräche.

Sprechen Sie das Drehbuch mit Ihrem Trainer/Ihrer Trainerin ab und entwickeln Sie es bei Bedarf weiter bzw. modifizieren Sie es.

Mein Drehbuch für ....
1. ______________________________
2. ______________________________
3. ______________________________
. . .

Üben Sie im Training dieses Vorgehen!

Setzen Sie es in **jedem** Wettkampf ein!

Zielsetzung und Analyse in der Praxis

- Analysieren Sie in Training und Wettkampf regelmäßig und sorgfältig Ihre Handlungen, Bewegungsabläufe und Leistungen. Halten Sie die Ergebnisse schriftlich fest. Zur Erleichterung einer *objektiven* Analyse bitten Sie kompetente Personen um Mithilfe (Trainer, Mannschaftskollegen etc.).
- Ziehen Sie jeweils die entsprechenden **Schlüsse** aus der Analyse und gehen Sie die problematischen Punkte im Training nach und nach gezielt an bzw. suchen Sie – falls dies erforderlich ist – nach Veränderungsmöglichkeiten.
- Setzen Sie sich **realistisch-optimistische Ziele** vor Trainings- und Wettkampfsituationen und analysieren Sie Ihre Techniken, Ihre Leistungen.
- Setzen Sie sich **Teilziele** (die allererste Priorität haben müssen!) in Training und Wettkampf, z. B.
  - »Meine nächste Aktion!«
  - »Meine nächste Slalomstange!«
  - »Mein nächster Sprung!«

  Nach der Aktion wird sofort das nächste Teilziel in Angriff genommen. Unterstützen Sie sich dabei durch Ihre Selbstgespräche!
- Die notwendige Voraussetzung für das Erreichen längerfristiger bzw. übergeordneter Ziele ist das Setzen und Erreichen von **Zwischenzielen** (= Stufen auf einer Leiter), d. h.,
  - das wichtigste Training ist das nächste,
  - der wichtigste Wettkampf ist der nächste,
  - die wichtigste Halbzeit ist die nächste.
- Arbeiten Sie regelmäßig mit dem Überzeugungstraining.

Das sollten Sie beachten:
- Erstellen Sie objektive, detaillierte Analysen.
- Setzen Sie realistisch-optimistische Ziele.

Das sollten Sie vermeiden:
- Unrealistische Zielsetzung.
- Gründe für Mißerfolg stets anderen, selbst nicht zu veantwortenden Gegebenheiten zuzuschreiben.